陽明學十講

◉周志文／著

聯合文叢
775

知是心之本體，心自然會知。見父母自然知孝，見兄自然知弟，見孺子入井自然知惻隱，此便是良知不假外求。

——《傳習錄》

夫學貴得之心。求之於心而非也，雖之言出自孔子，不敢以為是也，而況其未及孔子者乎！求之於心而是也，雖其言之出於庸常，不敢以為非也，而況其出於孔子者乎！

——〈答羅整庵少宰書〉

目次

第四講

第五講

第六講

第七講

第八講

第九講

第十講

陽明學十講

【序】

閱讀經典，面向未來

楊渡

每一部經典，在書寫的當下，都有它的時代意義。作者受到當時的社會環境、政治清濁、經濟興衰、文化脈絡等的影響，當然，也與作者的身世背景、思想學養、境遇經驗等息息相關。

經典的閱讀與詮釋，會隨著時代而改變。每一個時代的讀者、學者，都依據自身的生命經驗，去理解、體悟古人的智慧，寫成了不同脈絡的詮釋。《論語》、《四書》等經典就不用說了；《春秋》有三傳，而一部《老子》，幾千年演化為思想、信仰、宗教、醫藥、人生哲學等，更是明證。

然而，生存於當代的我們，又該如何閱讀傳統、詮釋經典呢？那些古老的格言今天還有何用？那些寫作於農業文明的思想，那些兩千多年前的良知諫言，那些亂世隱居、放曠的對酒高歌，那些民間傳唱的戲曲歌謠，那流傳幾千年的唐詩宋詞元曲，還有什麼意義？對生存於全球化、工業化、都市化社會的現代人，對一個被互聯網、新媒體所籠罩的當代讀者，它是心靈百劫回歸的歸宿，還是復古的逃避？當世界各國的新知識、新思維、新戰略不斷演化，古老的文明有什麼作用？當歐美的物質與文明改變了中國人的傳統飲食、生產、消費，乃至生活方式，那些古老的經典有什麼當代性的意義？

湯恩比曾說過：「十九世紀是英國人的世紀，二十世紀是美國人的世紀，二十一世紀是中國人的世紀。」但「中國人的世紀」是什麼內涵？他較為明確的說法是：世界已經陷入危機，而解決的方法，是中國的儒家思想和大乘佛教。湯恩比說這話的背景在一九七〇年代，正是世界面臨石油危機，各國為了搶奪資源而征戰四起的時代。有限的資源，無限的慾望，個人主義的思潮，讓他對西方文明有更深刻的反省。儒家的仁道思想，特別是《禮運大同篇》所標舉的大同世界的景象，對比於為了物質資源不斷攻伐的歐美文明，無疑是打動人心的烏托邦。大乘佛教的慈悲與濟世精神，也正是挽救資本主義的藥方。

十九世紀的英國，不是只有船堅炮利，「日不落國」的世界殖民地，還有資本主義、議會制度，以及《國富論》等文化思想。二十世紀的美國，也不是只有金融的華爾街、娛樂的好萊塢，還有高科技、資訊產業與全球化思想。二十一世紀如果是中國人的世紀，那麼，中國可以和世界分享的文明或者與其他文明可以分庭抗禮的是什麼？

不會是德先生賽先生，那是歐美的產物；更不會是經濟模式，因為在國際分工下，還不足以稱為模式，最值得和世界分享的，仍是回到湯恩比說的：儒家思想。於是學習中華文化成為歐美的時尚。然而，中華文化之美也不是只有儒家，諸子百家、詩詞、戲曲、水墨、陶瓷、禪宗、道家等，都是文明的經典，只是缺乏和世界對話的管道。

這就回到最初的課題：當世界開始研究中華文化，中華文化要以什麼方式，和世界對話？當我們向世界推薦中華文化，有沒有一種當代的語言，一種適合於現代的思維方式，來重新詮釋經典？

更重要的是，我們足夠了解中華文化嗎？我們有沒有閱讀過自己的經典？我們要如何重新了解經典，和經典對話呢？

關鍵仍是要有當代的眼光。那不是古老的複製，而是以當代的世界觀，面對複雜而不斷變易的世情，去重看經典中的思想、價值、人格、美感、生命抉擇等，並因而對經典的內涵有新的詮釋。

是的，閱讀經典不是回到過去，而是為了走向未來。

周志文老師是我三十年的老朋友，學養功底深厚，為人正直，更重要的是，他有一顆有感的心，溫柔敦厚的性情。他寫作的散文，對自己成長的歷程，對人生的苦難與國族家史的刻劃，既有典雅的歷史感，又有一種哀而不傷的韻味。他的作品在兩岸出版後，獲得各方好評。如果由他來主講，古老的經典將因他的學養與感性，而有更為細緻新穎的呈現。

這一本《陽明學十講》，便是他研究王陽明的畢生功力結晶。學養深厚自不待言，智慧的觀察與分析，亦時時浮現。讀者會從他的敘述中，感受到王陽明那既倔強又勤思好學，既智慧又幽默，既平實又充滿理想主義的人格魅力。

周志文老師認為王陽明一生「立德立功立言」三不朽都有所建樹，是超越儒家諸子的典範。在此我也狗尾續貂，說一則王陽明「立功」的故事。

一六〇三年，大航海時代，一艘荷蘭船在麻六甲海峽俘虜一艘葡萄牙大船「凱薩琳娜號」（The Catharina），船上滿載著來自中國福建的貨品。

那是一個沒有國際公法的時代，歐洲列強來中國南方沿海，得靠港補給，先來到的葡萄牙人在麻六甲、澳門、日本做轉口貿易，西班牙人在馬尼拉建立貿易據點，晚來的荷蘭人想搶占據點，就在海上到處打劫。他們這一次搶到的船上滿載中國福建漳州的貨物：以絲綢、瓷器、漆器為最大宗。這些中國商品得來不易，荷蘭東印度公司運回阿姆斯特丹以後舉行大拍賣。船上的青花瓷太漂亮了，引起歐洲各界的注意。賣了高價，其它絲綢、消耗品也一樣，造成很大轟動。拍賣的總收入有三百四十萬荷蘭盾，超過荷蘭東印度公司成立之時認購資本的一半以上。

人們不知道如何稱呼這些漂亮的瓷器，於是以那一艘葡萄牙船的型號「克拉克船」命名為「克拉克瓷」。「克拉克船」是歐洲中世紀發展出來的一種往來於大西洋的貿易與捕魚船，它的兩邊高起，像兩層樓高的小樓，船中間是平底，向兩側呈圓弧形張開，安裝著好幾門大炮，大船上可載有船員和戰士兩三百人，這是一種適於防禦海盜而設計的船，重可達一百噸至三百噸。為了防水，底部常塗著黑色瀝青，所以日本人又叫它「大黑船」。碰上中國船的時候，要作戰，就直接撞上去，憑著它高大如樓的船首，直接將較小的亞洲船「壓」入海底，戰略上占盡優勢。葡萄牙人靠著這種船征服非洲、印度和南洋的一些香料群島，卻不料栽在荷蘭人的手上。

經過阿姆斯特丹大拍賣，「克拉克瓷」揚名歐洲。而中國的生產廠也訂單不斷，工藝精英，甚至可以在青花瓷上畫出歐洲的風景。貨物通過當時唯一開放的港口——福建月港，源源不絕出口到歐洲，為福建賺了大筆白銀。

張燮在《東西洋考》書中，稱這裡是「天子南庫」。依據統計，當時全世界的白銀，有三分之一是流入以白銀為貨幣的中國，而月港，就是這個金流的主動脈。通過絲綢、瓷器等，月港為明朝賺大量白銀。

但因為鄭成功的抗清之戰，清廷堅壁清野，不僅實施海禁，還要居民退居海岸十里，讓海岸無法成為鄭成功的補給。月港所建立起來的貿易景象到清初就結束了。

然而，克拉克瓷的名氣太大，歐洲引進漳州的瓷器工藝師，開始有瓷器的生產。工藝師也隨著日本的貿易而傳到日本。

一九九九年，漳州舉行「中國古陶瓷研究會」，邀請被稱為「日本古陶瓷研究之父」的由崎彰一發表演說。由崎以幻燈片比對漳州古窯址出土的陶瓷與日本收藏的碗、盤、碟等的類似性與傳承性，而得出結論，認為十六與十七世紀初中國外銷的陶瓷，即是以平和縣南勝、五寨窯為代表的漳州窯為產地。這解決了國際上懸而未決的問題，到底克拉克瓷（青花瓷）、素三彩香盒的產地在那裡。

平和縣本不產陶瓷。它又從何而起呢？這就回歸到王陽明。

一五一一年開始，福建、江西、廣東交界地帶發生民變，範圍不斷擴大。一五一六年，兵部尚書王瓊舉薦王陽明為都察院左僉都御史，巡撫南贛。他身負平亂重任，一到了地方上即了解軍情，整備精銳部隊，很快平定亂事。可貴的是，他認為地方亂源不在盜匪，而是貧困。要解決民變，唯有設立行政單位，有效管理三不管地帶的交界，所以他一五一八年上奏設立平和縣（二〇一八年正好是設縣五百年紀念）；為讓民眾知學知義，設立鄉學、廟宇，以收安定人心之效。他也留下一些江西兵眾幹部，管理行政軍事事務，並希望江西幹部振興地方經濟，才能長治久安。江西幹部於是從景德鎮引進陶瓷製作工藝，在平和的南勝、五寨一帶生產。平和於是成為陶瓷生產基地，經濟也興盛起來了。

幾十年後，當月港開放成為對歐洲商船貿易的港口，漳州的陶瓷竟變成享譽歐洲的「國際名牌」，中國對外貿易的大宗，這個「天子南庫」為明朝的北方戰爭籌措到不少經費，等於也延續了明朝的壽命。

王陽明平南贛之亂，在閩南也有建設，周老師在此書中已有敘及，我便不再多說，僅此而言，王陽明的貢獻，又豈是「知行合一」的哲學而已。他的事跡，見證了一個具有實踐能力的知識分子，如何在亂世中，即使身為地方官，仍能有所作為，他的建樹，也讓漳州有迎向大航海時代的基礎，讓閩南的海上英雄如鄭芝龍，在東亞爭霸戰中，不曾缺席。

我的祖籍是福建平和縣人，清朝時遷到臺灣，閱讀周老師《陽明學十講》書稿時，不禁深深感念陽明先生，若非他設立平和縣，使我先祖有生養之地，又豈有後來飄洋渡海拓臺的後代。只不知，我平和的祖先，當年是為盜呢，或是被王陽明命令留守的兵？那就無法考證了，但又何妨呢，王陽明不是說了嗎？只要「致良知」，匹夫匹婦亦可以為聖為賢的。

自序

二〇一六年的春天，此間文化總會的祕書長楊渡先生跟我談起，他想在交卸之前的任內完成一件文化事業的「壯舉」，他將邀請臺灣幾位有聲望的學者，每人講十次有關中國傳統文化上的問題或事件，這演講由教育電臺播出，播出後講稿由文化總會出版成書，所以學者跟文化總會所簽的合約，包括廣播播出與出版品兩種。

承楊渡看得起，我沒任何「聲望」，竟也派了任務給我，派給我的是這本書的原型「陽明學十講」。其實我原來是想講《論語》的，我那時正在寫《論語講析》一書，自認對《論語》有點新的領受與感悟，但開會時《論語》給林安梧教授先「認」去了，林安梧當時在慈濟大學任教，也是我熟識的好友，楊渡只得跟我商量改講陽明。幸好我平日也讀了點陽明的書，對陽明還算熟悉，也有一些感受，我想了一下，便「從善如流」的答應了，這是這次演講與這本書最始的來由。

我答應改講陽明還有個理由，是多年前大陸曾有個出版界的朋友拉我寫本王陽明傳，說了不少他的構想，都是很崇高的，我被他感動，便答應試試，後來我因手邊瑣事繁多，朋友的催促也不算緊，就因循耽誤下來了。遲遲不動手其實還有一個原因，是當時我找來坊間一些有關陽明的書來看，發現陽明的事已不能再談了。

看過的書中，有點學術氣息的，所談都幾乎一個樣子，都在一點已熟知的材料上兜圈子，而且圈子也兜不太大；沒學術氣息的變化稍多，但很少談陽明在思想上的啟發與貢獻，都比較偏重在陽明的事功方面，講他如何避自己的禍、平國家的亂，弄得陽明像傳統演義裡面的諸葛亮、劉伯溫似的，都神機妙算的很，又身手不凡的彷彿有奇門遁甲的功夫，在他們眼中，陽明不只是人，還「神」得很呢。這些書當然不能看。

不論在有明一代，或從整個中國思想史的角度看，陽明都是值得談的，一般書寫得不好，所以更須要談。我如要寫陽明，想寫點別人沒寫的東西。問題是我手中所能掌握的材料，卻讓我不太能施展得開。我出身學院，總有點考據的訓練的，所謂考據即是現在說的科學，講的是證據，學術上要求有一分證據才能說一分話，不能望文生義，更不能杜撰事實。有關陽明的書，不論史部、集部加上現代人的雜著都不算少，但可供我使用的材料卻十分有限。

我想這是源自我們中國人編文集的一項傳統，古代文集很少是自己編的，別人幫你編的時候，想到的都是冠冕堂皇的理由，總在修身、治國、平天下的幾個議題上打轉，萬一發現有點爭議文字，便發揮「為賢者諱」的心理，將那些東西刪之棄之了事。北宋的歐陽修，算是個重要人物吧，我們看後代所編的《歐陽文忠公集》，其中「內制」、「外制」，「奏議」、「奏事」、「濮議」（宋英宗時一種特殊的奏議名稱，由「臺官所論濮園事」而得名）等等一大堆，加起來超過全集的一半，以之研究歐陽修的政治生涯，材料不虞匱乏。而歐陽修一生的成就，除了政治之外尚多，就算只研究他的為官經過，這些材料都太公開了，也太正式了，內容都是冠冕堂皇的，用處不大。研究一個人，還須要一些「私」領域的資料的，譬如他生活上的偏好，飲食起居的習慣，以及人際關係或與人相處的細節等等的，就算是缺點，也很重要的。有了這些材料，傳記才可以算是活生生的傳記，所記的人是個有長寬高，會思考、有行動的人，而非只是一張薄薄的「紙片人」了。

這得怪編書人的不察，他們欠缺多元觀念。文集也有些是自己編的，卻也一樣有這毛病，編自己文集的，也許沒想到要朝自己臉上貼金，但總希望能幫自己留下「流芳萬世」之作，其他自認不登大雅的東西，都投入廢紙簍了。像徐文長那樣自著《畸譜》，專暴自己的短，諷刺自己說「幾間東倒西歪屋，一個南腔北調人」；或如王船山自題畫像，說「龜於朽後隨人卜，夢未圓時莫浪猜」，說得這樣頹廢而真實，是少數中的少數。大量刪除自己認為「不重要」的作品，這是古代編書的習慣，你不能說他們都錯了，以往刻書不易，去蕪存菁是必要的手段，但什麼是蕪什麼是菁，得用另一個角度來看。

研究一人，不能光憑他只想示人的一面。儘管那些原想示人的資料不見得不可信，但對一個人跌宕的一生，正面的資料其實沒有太大佐證的作用。一個人的光明，往往得靠他身後的陰影來襯托，所以陰影是重要的。舉個例子，貝多芬一生寫了九部光輝的交響曲，在音樂史上，都是最重要的作品，而就在貝多芬寫他第三號交響曲《英雄》之前，發現得了耳疾，對音樂家而言，不等於是被判了死刑嗎？他當然傷心欲絕，他寫了令人迴腸盪氣的〈海利根施塔特遺書〉（Heiligenstädter Testament），幾次想到自殺。所幸他沒有死成，後來也沒有被命運打倒，他最後幾個交響曲與中期之後的弦樂四重奏、鋼琴奏鳴曲與最後的《莊嚴彌撒曲》等等，都寫在他幾乎全聾之後，他所有作品，都充滿了意志與張力，多是鬥志昂揚而充滿正面的生命能量的。說起貝多芬，絕不能忽略他大部分晦暗的人生，他的疾病，還有他殘破的感情生活，不知道貝多芬的晦暗，便無法體會他充滿意志力的藝術的偉大，因此那些不是很正面的材料，反而是了解一個人最重要的憑據。

回過頭來說本書的主角王陽明，王陽明最大的貢獻在他掙脫了幾百年以來「理學」的束縛，提出了「良知」這個觀念，良知是個人的，用一句現在人的話來說，所謂良知便是我權衡世上所有價值的標準。陽明又認為良知是每人天生既有的，不是要到大學讀了個學士、博士才會有的，也不是作了大官發了大財才有的。這良知的標準早深植我們的心中，不須朝外去求，朝外求也求不到，我們只要依著這既有的良知去為善去惡，每個人都有機會完成自己，也可以成聖成賢。陽明的良知學，讓很多人走上善途，而且充滿信心，這是陽明對學術與對世人的主要貢獻。

陽明對良知的體悟，是在他「居夷處困」的狀況下展開的。簡單的真理，背後卻充滿了爭議與衝突，包括個人的與環境的，這是必然。但我們看陽明的文集或弟子編的《傳習錄》，有關爭議與衝突背景的記錄卻很少，有的話，也不見細節，所有的敘述都顯得過於表面化了。

不只如此，文集與傳記中相當詳細的記錄了陽明與弟子之間的各項行事與對談，對陽明的外在功業，也記載的鉅細靡遺，卻很少甚至不記陽明的家人。舉例而言，陽明與他父親王華的關係，是和諧呢或是緊張呢？

王華是成化年間的狀元，陽明是他的長子，他對陽明的督責應該很嚴的，陽明自少就有應考中舉的壓力，這壓力可能來自社會，而來自父親的更大。《年譜》曾記陽明十一歲時與塾師意見相左的對話，陽明曾問師何為第一等事，師曰惟讀書登第耳，陽明不以為然的說：「登第恐未為第一等事，或讀書學聖賢耳。」塾師是王華請的，塾師的意見其實便是王華的意見，陽明不以為然，可見陽明的內心，對狀元郎的父親不是表面的那麼欽服，至少在延師課己這一事上。之後陽明十五歲時，因看不慣朝廷平亂無功，一度想上書皇帝，又曾被王華斥之為狂，細節是什麼並不很清楚，王華對兒子的斥責可能是對的，因為陽明當時太小了，這些事不該由他來管，然而這些事都顯示少年時的陽明，與他父親或父親所代表的權威格格不入。

不僅如此，陽明十七歲到南昌迎娶，只知道這位夫人姓諸，第二年陽明歸浙時曾攜她拜訪當時的大儒婁諒，但自此之後，《年譜》與其他的記錄都缺少諸夫人的影子了，只在嘉靖四年正月，當年陽明五十四歲，《年譜》僅記「夫人諸氏卒」。諸氏一生未有生育，陽明長子正憲是「族子」過繼來的。陽明後來續娶張氏，諸夫人死後一年的十一月，張氏為陽明生了個兒子名叫正億，正億出生兩年後，陽明也就死了，遍查所有資料，陽明本身的家族史，只零星出現這幾個記錄，其他就沒了。陽明也寫詩的，詩是最富感情、最為「言志」的文學，但陽明跟傳統詩人一樣，關心的是旅行、山水與朋友，而朋友也大多是成年的男性，很少有為家人寫的詩。

另外，陽明身體的情況應該不很好，他以中國人的算法也只活了五十七歲而已，就以當時的標準言，也算死得早了。他一直有「痰疾」，咳起來往往不能停止，他在一生的最後一年，平定了廣西思、田之亂後上書給皇帝，曾說：「臣自往年承乏南、贛，為炎毒所中，遂患咳痢之疾，歲益滋甚。其後退休林野，稍就醫藥，而疾亦不能止。自去歲入廣，力疾從事，竣事而出，遂爾不復能興」，說的當然是事實，可見這病在他第一次建軍功平南、贛之亂時就有了，上書之後不久陽明死在歸途，他的一生可能以劇咳告終。陽明得的可能是肺癌或有傳染性的肺結核，但當時人並不知道這種病。可惜是不論陽明自己的文集或弟子編的《年譜》，有關這方面描寫並不多，使我們對陽明一生，缺少了健康上的證據。

當然陽明不論他個人與他的思想還是可以研究的，只是缺乏了這些細節，研究的效果就有限了。我在我的書裡，已盡量將陽明的背景材料運用出來了，包括時代與他自己的。他與當時流行的朱學，有不少相異的地方，他哲學的標的，在把人對外在事物的專注轉回對內心的探索，而陽明跟孟子一樣，是個處處有「不忍之心」的軟心腸的思想家，他不說自己與朱子不合，而是說朱子晚年思想已轉向，寫了篇〈朱子晚年定論〉的文章，引起很大的爭議。這件事很有趣，連他自己也知道要說朱子轉向，理由是不太充足的，他為什麼要這樣做？真正原因，是他不願對朱子「直斥其非」罷了。他心腸軟也表現在他對父親就算心存不滿，而辭色仍恭謹不逾，從未有過忤逆的行為。另外他率兵對待下屬、對待敵人都體恤又仁慈，戰爭不得已有殺戮，數量是不多的，而且兵燹之後，一定想盡辦法來平治地方，不斷對當地實施柔性的教化，這都是他極仁慈又細心的地方。

但他面對比他高的政府與官僚，往往過於嚴正，不假辭色，偶爾會有比較放肆的作為，他因戴銑案而遭「廷杖」，後被貶貴州龍場，他平宸濠之亂後上書皇帝，要求武宗說：「罷息巡幸，建立國本，端拱勵精，以承宗社之洪休，以絕奸雄之覬覦」，說得直接又嚴正，這也都是他十分特別的地方，他雖然有功於國家，卻沒受到朝廷太大的禮遇，原因在此。

這些事，我在書中都設法點出了，但受限於記載過於表面，細節往往不好討論，我認為這樣的陽明是不足的。我說過，我受的學術訓練，不容我在沒有根據的情形下「杜撰」一個「新」的陽明，我雖盡量力追求靈動，但我還是覺得說的寫的不夠精彩，這一方面有我個人的問題，而受限於傳統傳記材料的貧乏，使我不容易探到他人格的「縱深」，也是事實。

最後，我想談一談我對陽明這個人與陽明學的整體感受。

陽明整個人在中國傳統社會，是個「異類」。他從小就是個不太受繩墨約束，他不喜歡儒家四平八穩的那套，少年喜歡兵法韜略，十五歲登居庸關，便有經略四方之志，之後喜歡道教、佛教，這個不尋常的舉動，可由結婚當天都夜宿道觀見出。婚後一年見到當時大儒婁諒，才「折節」學起正統儒家的學問來，但他做儒家學問也充滿衝突性，波折不斷，並不是一帆風順的。這些衝突與波折源自他的懷疑，他對任何既存的道理都抱著懷疑的態度，高潮是他跟同樣年輕的朋友一起「格竹子」的故事。

「格竹子」的故事發生在陽明二十一歲時，他照朱子在《大學・格物補傳》上說的「即凡天下之物，莫不因其已知之理而益窮之」的說法，他與朋友都用這種「格」法以圖做到經書上的「格物」，但物沒格成，還讓他們都病倒了，他因而認定朱子的格物說是有問題的。其實朱子並沒要人用這樣的方法來格物，是陽明對誤會了，不過這場誤會卻造成了陽明的大發現，也就是《大學》講的格物，不是研究科學上的格物，格物也不能單獨的講，而是要與下面的致知連在一起講的，照陽明後來的發現，「格物致知」講的就該是知行合一與致良知，而唯有用這個方法，才能銜接後面的「誠意」、「正心」，

「《大學》八目」才是所謂的一貫之學。

「格竹子」是一個困頓與挫折，被貶龍場是他另一個困頓與挫折，但龍場三年，讓他體察出「良知」的意義，而良知又與他「格竹子」失敗後發現的《大學》格物致知之旨相結合，最後成為陽明學「致良知」、「知行合一」的核心。

因好奇與懷疑，加上不斷的思考與探索，讓陽明發現了許多真相，而陽明發現的真相，不論對道德的建設與人的完成，都是有積極貢獻的。儒家文化自孔孟以來都講貢獻所學、有益社會，但格於現實，真正能實踐有成的，卻是少數又少數，所以陽明的成就，益覺珍貴。

陽明在〈答羅整庵少宰書〉中說：

> 夫學貴得之心。求之於心而非也，雖之言出自孔子，不敢以為是也，而況其未及孔子者乎！求之於心而是也，雖其言之出於庸常，不敢以為非也，而況其出於孔子者乎！

這真是段倔強又有見地的話，可以把陽明懷疑與探索的精神表露無遺。

《陽明學十講》是從電臺的演講整理出來的，因為是給一般人聽的，所以要盡量簡單明白，我想最好的方法是有話就直說，一句能說完不說第二句，避免書成為人見人「畏」的學術著作，也不作煩瑣的注解，書後也不附引用書目了。當然談的是陽明，還是要徵引一些歷史資料的，我在引證資料時也盡量求簡明通順，不讓它過於夾纏。陽明哲學的特色就是化煩瑣為簡約，又強調身體力行的，我認為真正的孔子與真正的儒學，就該是這個樣子。《明儒學案》卷首載劉宗周評陽明語，說：

先生承絕學於詞章訓詁之後，一反求諸心，而得其所性之覺曰「良知」，因示人以求端用力之要，曰「致良知」。良知為知，見知不囿於聞見；致良知為行，見行不滯於方隅。即知即行，即心即物，即動即靜，即體即用，即工夫即本體，即下即上，無之不一，以救學者支離眩騖、務華而絕根之病，可謂震霆啟寐，烈耀破迷，自孔孟以來，未有若此之深切著明者也。

劉宗周說得很對，陽明之學，來自孔孟，「深切著明」，是指陽明把握了孔孟之學最深切的部分，卻把這個學問發展成淺明易懂的力行哲學，劉宗周對陽明的這個判斷可謂十分精準。《論語．憲問》又有段子路夜宿石門的記錄，晨間司門的人問子路從何處來，子路答以「自孔氏」，說我是從孔子那裡來的，子路的回答很有意思。

兩千多年來，從文化史的角度看，中國幾乎人人與孔子思想有關。陽明的良知，淵源於孟子的四端之說，而孟子自認是孔門的傳人，因此說陽明之學即洙泗遺響，是絕不為過的，如果有一天司晨門的人要陽明表明來處，想他也會與子路一樣說「自孔氏」的。原來只要自認是中國人，都是一家人，只要思想行動帶有儒家的成分，也都算孔門的一分子，這麼說來，孔子之家便是我家，孔子之國便是我國，這是子路「自孔氏」的最高意義。

典型在昔，古人未遠，想到這裡，心中又有一段奇特的感受了。

辛丑（二〇二一）年春月，序於臺北永昌里舊居

第一講

一、為何講陽明學？
二、從孔子與儒家講起
三、經的流變
四、儒學歷史上發生的問題

一、為何講陽明學？

首先要解釋一下，為什麼要講這個題目。

講題是「陽明學十講」，陽明是誰，我想大家都知道。陽明就是明代的思想家王陽明，明代有很多思想家，為什麼要講他？還有，如果要講思想家，中國自孔子以來，有成百上千的思想家，不講別的，只講王陽明，是什麼緣故？

當然，中國兩三千年來有許多了不起的思想與思想家，都有人研究，也都會有人講的，我只能講我比較熟悉的部分。我認真的讀過不少有關王陽明的書，對他的想法與作為，有點體會，有點看法。簡單說，我自己覺得對王陽明的了解比對別的思想家多一些，所以在介紹中國思想家裡面，我選擇了王陽明，這是個人的緣故。

其次是歷史的原因，陽明在歷史上是個非常重要的人物。我想研究明代思想的人都必定會讀《明儒學案》這本書，《明儒學案》是明末清初的一位大學者黃宗羲寫的。黃宗羲（1610-1695），號梨洲，是浙江餘姚人，算起來他是王陽明的小同鄉。

黃宗羲是明清之際重要的學者，他除了《明儒學案》之外還有《宋元學案》，這兩部書是後代研究宋、元、明學術思想史不可缺的材料（《宋元學案》他沒寫完，是由他後學全祖望等人續成）。他還有《明夷待訪錄》代表他的政治思想，在中國政治史上也很重要。尤其重要的，是由他領軍，在他學生後輩如萬斯大（1633-1683）、萬斯同（1638-1702）、同鄉後代全祖望（1705-1755）等人努力之下，在清代學術史上開啟了「浙東史學」一派，對後世史學與學術史的研究有很大的開拓作用與影響。

提到黃宗羲也不由得令人想起「清初三大儒」這名詞，依晚清後的學人看，這「清初三大儒」指的是黃宗羲、顧炎武（亭林，1613-1682）、王夫之（船山，1619-1692）三人，但顧與王在清初的時候名尚未顯，知道他們的人不多，而且顧、王的學術，是偏向反王學一方。當時也有「三大儒」之稱，不過所指的是黃宗羲、孫奇逢（夏峰，1584-1675）與李顒（二曲，1627-1705）三人。孫奇逢是河北人，李顒是陝西人，這兩人都是北方人，加上黃宗羲，三人同是以王學為宗，但對王學也都有修正，可見明末的學術，仍是王學的天下。不論清末認定的或清初既有的「三大儒」，都把黃宗羲包括在內，因此他在清代學術界的重要性無庸置疑。要想知道黃宗羲的學術貢獻，全祖望在《結埼亭集》中有篇〈梨洲先生神道碑文〉，上面說：

公謂明人講學，襲語錄之糟粕，不以六經為根柢，束書而從事於游談。故受業者必先窮經。經術所以經世，方不為迂儒之學。故兼令讀書史。又謂：「讀書不多，無以證斯理之變化；多而不求於心，則為俗學。」故凡受公之教者，不墮講學之流弊。公以濂、洛之統，綜會諸家，橫渠之禮教，康節之數學，東萊之文獻，艮齋、止齋之經制，水心之文章，莫不旁推交通，連珠合璧，自來儒林所未有也。

雖然是推崇之語，但大體上也說得很恰當，可見黃宗羲明清之際學術上的重要。本文不是談黃宗羲的，我們得回歸談陽明學術的主要線條上。談起陽明必須先從黃宗羲的著作談起，而談起黃宗羲，又必須從黃的老師談起。黃宗羲的老師叫劉宗周（蕺山，1578-1645），是浙江山陰人。山陰就是今天的紹興，春秋時叫作會稽，是當時越國的首都，這地方出了許多歷史的名人，晉代的書法家王羲之（303-361）自少年便遷居到此處，有名的〈蘭亭集序〉就寫在此，蘭亭就在紹興，王陽明雖是餘姚人，但少年時就隨父王華遷居紹興，以後在此長住，在此講學，所以山陰也算陽明的故鄉，餘姚反而很少回去，山陰、餘姚兩地其實不遠，陽明死後也葬在山陰。

劉宗周算是一個奇人，他與黃宗羲的父親黃尊素（白安，1584-1626）一樣，都是與明末有名的「東林書院」有關的人物。東林在今江蘇無錫，原是宋朝大儒楊時（龜山，1053-1135）歸隱講學之處，到明朝成了個有名的書院。東林書院的人物講學，十分注重經世致用，所謂經世致用，也就是後世說的「學問為濟世之本」，是主張求學問是要用來服務社會的，東林書院的學者都比較主張用學術干預實際政治，學問不是空談心性就夠了，說穿了，就是傳統儒家講的「內聖外王」之學，所謂內聖外王，講的就是自己修養好了，要去解救世人，君子是不以「獨善其身」為滿足的，必求兼善天下。《明儒學案》形容東林師友的特色，說：「一堂師友，冷風熱血，洗滌乾坤」，冷風指社會的反應不見得好，熱血指自己仍不死心，雖經挫折，仍充滿了拯救時代的願力。黃宗羲又稱道東林的作用，說：「數十年來，勇者燔妻子，弱者埋土室，忠義之盛，度越前代，猶是東林流風餘韻也。」可見東林在晚明的作用及重要性。

東林派學者基本上都是陽明學派，但他們對晚明有一派的陽明學者很不滿，認為他們太猖狂又不學無術，所以他們都比較重視讀書，又主張讀書要能變化氣質，還有他們認為讀書的目的不在講玄虛的道理，更不在媚俗，而在立身，立身的目的是要積極服務社會，當時不叫服務社會，而是叫「經世」。今天我們到無錫的東林書院，還看得到那副有名的對聯高懸在大廳，對聯寫著：「風聲、雨聲、讀書聲，聲聲入耳；家事、國事、天下事，事事關心。」這是東林書院領導人顧憲成（涇陽 1550-1612）寫的，可見他們東林學者的胸襟。

劉宗周治學嚴謹，一生標舉「慎獨」兩字，要求學生哪怕一個人獨處，也得小心謹慎，絲毫不苟。劉宗周無疑是明代陽明學的殿軍，他承襲了陽明的良知學說裡面最嚴謹的部分，他對良知說所達的幽微處境也深有所契，而他對當時陽明學的「末流」也嚴詞批判。到了劉宗周，明朝就亡國了。有一點非常值得說的是，劉宗周雖也科舉出身，但在明亡時並未擔任要職，他聽到明思宗自縊煤山的消息後悲痛不已，後來眼看清兵南下，杭州即將淪陷，竟然採絕食的方式殉國了。絕食是很辛苦的事，要靠極堅強的意志力才能做到的，劉的絕食而死，對當時影響很大，他的學生王毓蓍（-1645）與祝淵（1614-1645）也都先後自殺，還有一些學生如陳確（乾初，1604-1677）與黃宗羲等雖未死，卻以氣節自勵，終生不肯降清，對當時與後世的影響很大。

今天要研究明代思想，一定要依據、參考黃宗羲的《明儒學案》，這是毋庸置疑的。而我們來看《明儒學案》這本書，王陽明與他後學所形成的學派占有多少篇幅？《明儒學案》從第一卷〈崇仁學案〉開始到第六十二卷〈蕺山學案〉為止，一共六十二卷，卷九之前是陽明前的諸儒學案，包括〈崇仁學案〉四卷，〈白沙學案〉二卷，〈河東學案〉二卷，〈三原學案〉一卷，從第十卷〈姚江學案〉（就是寫陽明本身的那一部分）之後，其中在〈泰州學案〉之前有〈止修學案〉一卷，〈泰州學案〉之後有〈甘泉學案〉占有六卷，之後〈諸儒學案〉分上中下共十五卷，〈諸儒學案〉之後就是〈東林學案〉與〈蕺山學案〉了，這兩學案中的人物對陽明學雖有批判，但也算是陽明學的一支，所以我們統計全書，寫陽明與陽明後學的共有三十一卷，以卷數言，正好占了《明儒學案》的一半，就內容言，當然更不只於此，因為陽明後的「諸儒」，就算其學宗旨不標榜陽明學，但所討論的，也絕大多是與陽明學有關的事。

我認為陽明學的重要，在於它改變了傳統儒學的態勢，也就是說陽明學比較注意自己存在的必要，這是以往所有儒學家比較忽視的問題。

傳統的儒家比較注意禮，比較講道德，禮是一種行為的約束，而道德又是社會生活下的產物，因此儒家講學問，以齊家、治國、平天下為目的，這套學問講到極致，往往忽略了自己，忽略了個人，陽明之學比較注意個人良知的呈現，主張一個人內心最初的判斷往往最為準確，這種說法，有點否定傳統知識的說法，在當時引起了很多的爭議與回響，是十分特殊的。當然在陽明之前，在北宋的時候與朱子（名熹，字晦庵，1130-1200）同時的陸象山（號九淵，1139-1193）之學，已經有了這種「態勢」了。陸學與朱學最大的不同在朱學比較講學問，也就是歷史上稱的「道問學」，比較強調學問知識的重要，而陸九淵比較注意的是「尊德性」，所謂尊德性是重視一個人的內在涵養，換句話說是重視一個人的內心，比較講究一個人內心所達的道德境界，陸學也被稱為是「發明本心」。

陸九淵這派學說比較注意內在，不求外表，在乎心之所得，不在乎自己讀過了多少書、掌握了多少知識。但在宋朝，陸學的勢力始終不敵朱學，原因是客觀知識比變化莫測的內心更好把握一些，朱學比較有途徑可尋，而陸學的境界對一般人而言，反而難以達成。

但到了明朝，這種態勢就大大改變了，這是因為朱學已盛了幾百年，本身已露出了疲態，再加上明代社會已去南宋的時代太遠，很多事已變得十分不同了。王陽明的學說比較接近象山一派，陸、王之學都有一種「發明本心」的傾向，陽明之學自興起後，得到的社會呼應極大，在明代，王學的起來有點像掀起了一種遍及社會各層的「發現自我」運動。

二、從孔子與儒家講起

在正式進入我們的主題——「陽明學」之前，我們該先談一談在陽明學形成之前的中國思想或哲學的歷史。

說起來中國傳統的思想運動，都有一種重新評估孔子的價值的意義與作用在，陽明學也是。

在陽明學者的眼中，孔子的形象與定義，也自然與朱子一派學者所言不同的。譬如在王學一派學者看來，孔子不光是講修齊治平，更講修齊之前的誠意、正心之學，從誠意、正心上思考，陽明所標舉的「良知」便展開了全新的意義。雖然陽明本身很有事功上的成就，但他講「大學八目」時，還是比較朝修齊之前來講，喜歡講格物、致知之學。在他看來，孔子的「內聖」比他的「外王」更為重要。不僅如此，因為幫孔子找到了全「新」的意義，這使得讀者自己的意義也跟著顯現出來了。中國的思想界，從來沒有比這個時代更重視「自我」，不但強調自我存在的重要，更強調我對自我與社會負有高遠的責任，肯定自我的人自有一種很特殊的光彩，這種光彩是以前很少見到的。我們要談它，這是一個重要的目的。

剛才說過，中國傳統的所有思想運動都有一種重新評估孔子的價值的作用，好像所有的議題討論的核心，都是要說明孔子是怎麼樣的人，還有儒家應該重視的是什麼。這問題討論了兩千年了，還不覺疲乏，而且議題狹小得有點可笑，不是嗎？其實相形之下，這幾個討論也並不算特別狹小的。

我們看文藝復興之前的歐洲，當時的哲學就是神學，神學的核心即討論神的意義，為什麼討論神的意義呢？神，大家都看不見，是很難討論的，但歷史有個人物兼具了人與神的性格，就是耶穌，西方歐洲的神學是因基督教而起，但基督教有了之後，耶穌留下的言行，便有了各家不同的解釋，形成了同屬一教的不同派別。也就是說，耶穌只有一個，但說法解釋各各不同，有的強調他的神性，有的強調他的人性，派與派間，有的意見接近，有的相去遙遠，在其間，彼此勾心鬥角，常常這一派打倒那一派，理由都是說那一派把耶穌解釋錯了，只有我的解釋才是對的，還要設盡計法要去「統一」對方，而被統一的那派不甘心，又找出理由來鬧革命，這樣一陣一陣的爭扯，幾百年就過去了。

西方神學其實就這副模樣，每個人都說自己解釋的耶穌才是耶穌，別人說的不是耶穌，對付不跟自己相同的，用盡各種極端的方法，包括血腥的戰爭，征伐殺戮，不計其數，我們看到在十八九世紀之前，歐洲的戰爭的各方，都是頂著十字為號的旗幟，便是這個原因。

知道西方的這段歷史，再回來看中國，歷來的思想家想重新定位孔子，都想以自己所思所想來解釋孔子，也就沒什麼不合理了。孔子出生比耶穌更早了幾百年，在中國，孔子的思想影響極大，歷來討論他的意義、他的作用，當然多得不勝枚舉，但可幸的是，中國從未因對孔子的解釋不同而發生過戰爭。

孔子的「偉大」，一部分是孔子本身的偉大，一部分是後世的人讓他變得更偉大。我們知道，孔子在生前，他是一個魯國的讀書人（當時稱作「士」，是做官與讀書人間的一個模糊稱呼），孔子曾被魯國的國君賞識，讓他在魯國做過短期的官，官位還不算小，但隨即不得志下臺了，他在政治上雖然很有能力，但魯君對他的信任不足，而當時魯國政權旁落，就算魯君對他信任也沒有太大作用。後來他曾率領弟子周游列國，到過齊國、衛國、陳國、蔡國與楚國（其實都只在現在的山東、河南一帶），以今天標準而言，都不算遠，不過在還是馬車或徒步的古代，就也不算近了。孔子在外的日子也都不得志，不受重用，經歷過許多無聊的日子，也經過不少風險的打擊，最後還是回到魯國，專心整理古書與教育學生。

孔子活著的時候，對他的時代當然是有影響的，但影響力並不很大，範圍呢，大約只在魯國（今山東中西部的一小片區域）一帶，與整個中國相比，那是個是很小的地方。孔子在學問上當然是有所創獲的，但同時代或稍晚於他的人，有的也是有創獲的。當時把每個在學問上有創獲而有特色的人，都稱之為「子」。在春秋與戰國時代，是諸「子」流行的時代，後世叫那時的學問，叫做「子學」，或「諸子」學。孔子其實是當時的諸子之一，而孔子所代表的儒家也跟道家、稍後的墨家與之後的法家、名家等一樣，都是當時的一個學術流派。

要說儒家這一學派，只能說是先秦的「顯學」之一，在戰國時代，傳說是「百家爭鳴」的時代，數得出來的學派就有「九流十家」。所謂「顯學」，至少包括了儒家、道家、墨家與法家四家，「顯學」是指它比其他學派的成就與影響都更明顯一點，地位自然也更重要一點，但不是說它能操縱一切。

到了西元前二世紀，漢統一了天下，中國結束了從春秋戰國到秦的近五百年的分崩離析。漢初的時候，講黃老之術的道家風行，主要是面對戰國的亂局與秦統一後的暴政，人民需要休養生息，這段時代就是在文帝與景帝當政的時代，歷史稱當時為「文景之治」。到了漢武帝即位，武帝比較想有所作為，前兩代的休養生息也讓他有了機會，在政治上他大權獨攬，在軍事上對強大的北方匈奴不再繼續保持守勢，在學術上他採取了丞相董仲舒的建議，「罷黜百家，獨尊儒術」，居心想統一帝國的思想，以化為有形的力量，這是儒家思想第一次以空前的君臨天下之姿進入權力的核心，成為政府施政治國最高的指導原則。

三、經的流變

儒學的根據是六經，也就是六種經書。所謂經，在文字的意義上，原來指的是直線，直線有正確、標準的含義，所以「經」字就帶著崇高與標準的意義。一切宗教裡的最重要、有指導原則的書在中文都被稱為經，譬如佛經、基督教的《聖經》、回教的《可蘭經》等的。儒家的經典當然被認可為儒學中最重要的書，那就是《易》、《書》、《詩》、《禮》、《樂》、《春秋》這六部經典了。這六部經典因跟孔子有關，尊儒之後的漢朝人就覺得非常重要了。這些書都不見得是孔子寫的，卻確實跟孔子有密切關係，漢代盛傳孔子有「刪《詩》《書》、訂《禮》《樂》、贊《周易》、作《春秋》」之說，寫《史記》的司馬遷（-前86）說：「孔子布衣，傳十餘世，自天子王侯，中國言六藝者，折中於夫子，可謂至聖矣。」我們後來稱孔子是「至聖」，其實最早來自司馬遷。文中所說「六藝」，指的就是「六經」。

漢儒的說法，有點誇大，這六部經典，其實依後儒的考證，都沒有經過孔子「刪」過「訂」過，對《周易》，孔子也沒「贊」過，但這些古代留下的書都曾當過孔子施教的教材，可能多少都經過了孔子或孔門弟子的整理。除了《論語．子罕》有孔子說的「吾自衛反魯，然後樂正，雅、頌各得其所」，證明孔子在《詩經》上曾作過「正樂」的工作之外，對其他的書做了哪些事，因缺乏可信的記錄，我們就無法知道全面的消息了。

關於孔子是否「述」、「作」了《春秋》之外的五經，是中國經學史上重大的問題，討論的文獻很多，現在不詳說。至於「作《春秋》」這說法，司馬遷說「孔子因史記而作《春秋》」（憑藉著歷史記錄而編寫了《春秋》），也許不錯，《春秋》這部書可能真是孔子寫的，但歷史是根據史料而編的，歷史是不能「作」（創作）的，所以司馬遷的「作《春秋》」其中的「作」當作「編」字解，不能視為一般創作的作，此字只能用廣義來解釋，不能做狹義的解釋。

剛才我說過，中國歷代的思想家都想解釋孔子是一個什麼樣的人，連帶也討論儒家的性質，儒家該做什麼事等問題。漢儒解釋下的孔子，恐怕跟我們現在所知的孔子，是有十萬八千里的差異的。在漢儒（尤其是西漢今文派的學者）的眼中，幾乎都把孔子神明化了。這種看法起源自對統治者的看法，古時人對統治天下的君主，不論中西，往往都有神明的聯想，所以中國稱一統天下而治天下的人為「天子」，西方稱那些君王的統治權是「君權神授」，起源都很相同的，其實是神權統治的舊例。

西漢的很多學者都認為孔子是個政治家，不但是政治家，而且認定孔子「該」是個統管天下的天子。當時脫神權時代未遠，孔子如能統管天下，就該具有了「神性」，具有神性的人就等於是神，神說的任何一句話，都有經天緯地的作用，所以孔子之言都極為重要，因為等於是神的告諭，這是西漢時候一般人的觀念。但真實的狀況是什麼呢？孔子其實是個古時的一個窮讀書人，哪有神或天子的本事呢？

漢儒特別為孔子創造了一個全新的名詞，稱孔子為「素王」。在秦始皇之前中國是沒有人叫做皇帝的，統領天下的叫做「王」，王下面的各國領袖叫諸侯，諸侯又依公侯伯子男的等第而位階不同，稱法各異。西周自武王之後的諸王都是當時天下的「共主」，都是高高在上的天子，把孔子被叫成「素王」，就是把他視成是統領天下的天子了。但孔子是「素王」而不是「王」，表示與具實際統治權的真「王」還是有差別的，「素」是什麼意思呢？素在古時是指沒經過染整的絲。絲雖沒有經過染色，但還是絲，孔子因沒有真實居於天子的位置，沒有王的儀節文飾，但究其實際，當時人認為孔子是具有統領天下一切的本質的。

漢儒視孔子為素王，精神上尊他至高無上、獨一無二，所以孔子曾經手的六本書都被命之為「經」了，剛才說過，所有叫經的書都有神聖的、標準法式作用的意義，「六經」當然也不例外。漢代之前，孔子只是諸子之一，漢代之後，孔子不但是聖人，而且是「素王」了。儒術被獨尊之後，連跟孔子有關的幾部書也都成為「經」了，所以馮友蘭（1895-1990）寫的《中國哲學史》把中國的漢以後稱作經學時代，漢之前的叫作子學時代。馮的說法很特別，但從某個觀念切入，是大體可以成立的。

西漢的儒學家在六經中特別注意的是《春秋》，因為這本書經學家都認為是孔子親手著作的，當然比其他五經更為重要。董仲舒（前 179- 前 104）的《春秋繁露．精華》上說：

> 今《春秋》之為學也，道往而明來者也。然而其辭體天之微，故難知也。弗能察，寂若無；能察之，無物不在。是故為《春秋》者，得一端而多連之，見一空而博貫之，則天下盡矣。

可見在董仲舒眼中《春秋》是如何的偉大與重要。

《春秋》寫得很簡單（一方面孔子主張「詞達而已」，一方面可能是受當時書寫工具的影響，不得不簡單），因太簡單了，所以造成了許多後儒可用來做不同解釋的機會。漢儒把這些說得不很清楚的話叫作「微言」，認為在《春秋》的「微言」中其實都藏有「大義」在的，要將《春秋》深藏的「大義」解釋出來也是必要的，當時認為最具權威的解釋是《春秋公羊傳》。這本書傳說是公羊高氏寫的，公羊高傳說是孔子弟子子夏的門人，算起來該是戰國初年的人物，但非常有意思的是，書裡面附會了許多戰國陰陽家的說法，所以這本書倒像是秦漢之際人的作品，書中也有一些對未來預言的部分。《春秋》原本是一部記錄歷史的書，但在《公羊傳》的解釋下，孔子就成了既有治天下意圖又似乎是充滿權謀的人物了。

西漢講公羊學的「公羊派」曾權傾一時，丞相董仲舒本人是「公羊家」，我們看他的《春秋繁露》，裡面的記載與推論都有很可笑的地方，尤其是他非常相信災異，相信上天的「示警」，譬如他說：「刑罰不中，則生邪氣。邪氣積於下，怨惡畜於上。上下不和，則陰陽謬戾而妖孽生矣。此災異所緣而起也。」這種說法充滿了漢代人習慣的讖緯說法與迷信的色彩，用今天的方式看是很荒謬又可笑的，但我們如果能回到那個時代，就知道那些荒謬與迷信，在他們看並不荒謬也不迷信，那是當時人對他們不很清楚的世界，所作的一種他們認為「合理」的解釋。

以今天的角度而言，當時人的看法是很有問題的，而當時的人都信以為真。歷史學家司馬遷是孔安國（孔子十一世孫，生卒年無考）的學生，孔安國本身也是個「公羊家」，司馬遷是個十分傑出的歷史家，也是傑出的文學家，他卻也信公羊派說的那一套，在一些地方，司馬遷還是無法全面擺脫那個時代的迷霧，要知道很少有人能完全超越他所處時代的迷霧。

直到東漢，因為政治氣候改變，學術氣候也有了改變。「古文經」已陸續發現，古文經裡的說法與今文經的說法，往往大異其趣，尤其在歷史的詮釋上，相形之下，孔子神祕的面紗給揭開了，孔子與儒家典籍的神祕色彩也變淡了，當然速度是緩慢的。到東漢末年，儒學才有逐漸擺脫迷信、回到孔子本來面目的可能。

西漢的儒學是充滿神祕色彩的，東漢時代，慢慢廓清了，因為《論語》裡面說過「子不語怪、力、亂、神」，孔子雖生長在迷信的社會，但自己是很不迷信的，東漢的儒者不再在迷信事件上攪和，這一點，確實是改進了。隨著研究經書的人增加，研究的成就也在提昇，經學學術化了後，探討者益多，使得經書也有擴充的需要。

前面說過「六經」，這名詞是從「六藝」來的。在孔子的時代，六藝一方面指孔子以六種技藝教學，指的就是禮、樂、射、御、書、數而言；一方面也指後來的六經。但就在經學觀念形成的西漢，「六經」其實也是個虛幻的名詞，因為自始至終都只有「五經」而已，其中的《樂經》其實早就不存在了。至於原因，有的說是毀於秦火，有的說《詩經》的可歌部分就是樂經，也有說《禮記》裡面的〈樂記〉就是《樂經》之舊，據說紛紜，莫衷一是。唯一的事實是「六經」只剩下「五經」，漢初開設「五經博士」，從未聽有「六經博士」的。西漢人對經的定義很執著，所謂的經書，不是孔子所「手著」，就是孔子所「手訂」，必須與孔子發生親密關係的才能稱之。譬如《論語》，其實是後世研究孔子與弟子言行最重要的一本書，實際價值有時還比五經還重要。但在漢代，《論語》卻不稱為經，很簡單，因為《論語》是孔子弟子或再傳弟子所寫成的，不是孔子的著作，孔子也從未見過此書，當然不能目之為經。

四、儒學歷史上發生的問題

當然在西漢人眼中，《公羊傳》很重要，但它只是傳不是經，只有《春秋》才是經，公羊、穀梁與後來發現的左氏，都是注經的傳，不能叫做經，在漢代，經、傳是要分得很清楚的，因為地位根本不同。同樣，西漢人雖認為《論語》也很重要，但因成於弟子之手，只能具有「傳」的地位。

這是非常嚴格的態度，西漢人遵守經義，不作任意的更改。但到了東漢中葉之後，經學家越來越多了，經學的研究也增加了，經學領域勢必擴大不可。光是「五經」就嫌少了，所以「五經」就被慢慢擴充成「九經」。他們的方法是把《禮》的範圍擴大，「五經」裡的《禮》是指《儀禮》而言，孔子叫他兒子孔鯉去學禮，說：「不學禮，無以立」，裡面的「禮」就是《儀禮》。但漢儒把後來出現的《禮記》與《周禮》都加了進來（《禮記》與《周禮》都成書於孔子之後），就成了「三禮」，但到後來還覺不夠，他們都認為孔子手著的《春秋》非常重要，便又把解釋《春秋》的「三傳」也加入經的行列。到漢末，《公羊傳》、《穀梁傳》與《左氏傳》都算經了，就成了所謂的「九經」。

東漢出了有異於前代的經學家，如揚雄（子雲，前53-18）、王充（仲任，27-97）、許慎（叔重，58-148）、馬融（季長，79-166）、鄭玄（康成，127-200）、服虔（子慎，後漢人，生卒不可考）等，他們的論述，已超過西漢儒家喜歡談的內容，對於公羊的今文觀點，也不那麼拘泥，材料上，也不輕視後出現的「古文經」，對學術材料往往以持平眼光看待。所以到了東漢末年，經典不但擴充了，儒家思想也變得比較能兼容，朝著博大深入之途一路開展過去。

但不久漢朝又陷入亂局，三國時代來臨，之後從西晉、東晉到南北朝，中國由一統變為亂世與衰世，中央缺乏一個有權力的政府，原本很一致的思想，也逐漸產生了分歧。魏晉之際的人喜歡歸隱，喜歡過逍遙一點的生活，人聚在一起，喜歡「清談」。所謂清談就是談些與實際生活沒有太大關係的事，語言的內容是充滿玄虛意味的，所以也叫作「玄談」或「談玄」，這是當時的風氣，可能與當時政治上很混亂，知識分子沒有一定的出路有關。

「九經」這名詞剛出現不久，儒學想藉經典的開拓而振興學術，一度是有望的，不料衰世來到，又使得經學衰微了。從魏晉到南北朝，道家思想比儒家興盛，由於道家比儒家更具反向思考的本事，用它來唱反調再適合不過，一些僅剩的儒家為了爭取讀者，也紛紛用道家的方式來解釋儒家的經典，其中以《周易》為最多。因為《周易》原本是占卜之書，裡面有不少事涉玄祕的成分，很能讓喜好玄虛的人士有馳騁想像與議論的空間。

到了南北朝，佛教開始流行，又帶領出一種新的風氣起來，到了後面的隋、唐，佛教更為流行。唐代雖號稱是個盛世，但儒學並不很昌盛，唐朝皇帝因姓李，自以為是老子後人，所以奉道教為國教，但從朝廷到民間，更流行的其實是外來的佛教。我們看唐代的歷史，正統的儒家人物，好像「出頭」的機會都不多，在朝廷比較有力的，多是有佛道色彩的人物，以詩人而言，李白不在話下，有佛教名號的「摩詰居士」王維與「香山居士」的白居易，比起一生信仰儒家思想的杜甫都混得好，就是明證。

在中唐有韓愈，曾因諫皇帝迎佛指入宮而遠戍潮州，他的〈原道〉一文更指出中國的正統思想儒家在唐朝所遇的危機，當時的天下大勢，是「不入於老，則入於佛」，道與佛相較，佛教更為有力，韓愈被迫做出建議，他呼籲政府與社會要盡力的排除佛教，提出「人其人、火其書、廬其居」的口號。所謂人其人，是指要讓佛教的出家人都還俗；

火其書，是指把那些佛教經典都燒了；廬其居，是把所有佛教廟宇都改成住宅，給人民去居住。歷史證明秦始皇焚書坑儒是荒誕的，是錯誤的，但韓愈卻要用這荒誕與錯誤的手法來對付他所說的外來的佛教，是否正確當然可以討論的，然而韓愈與當代知識分子面對傳統儒家的衰微感到憂心，也可見一斑了。

到了宋代，比起唐代國力看起來是衰落了，中國的所能控制的土地面積也小了很多，與外國爭執，攻勢較少，守勢較多，表面上弱了許多。但我們不能光從這些表面的現象看，其實宋代也有強項。

宋代與唐代比較是個很不同的時代，唐代的文化是一種閃耀式的文化，國勢很強，首都長安有許多外國人，包括印度來的、西域來的與北方民族來的。中國文化一方面忙著與外國文化交融會合，一方面也不吝惜展現自己的輝煌。但什麼是中國文化，多少是真正傳統的部分，多少是後來從外來文化加入的部分，並不那麼好區別，美術與音樂上有最好的例證，好在一些本屬外來的文化，進入中國之後，也逐漸被中國文化所「同化」，佛教的禪宗就是一例。所以唐代人討論這個問題時，線條很亂，答案也不很明確，但到了宋代就不同了，宋朝國家小了，那些前朝的輝煌（多半是融會時所發的光輝）好像也流逝了，不在強光的迷惑之下，人容易去做內省的活動，生存在宋代的人，正好利用這段比較不那麼輝煌的時代來沉澱思緒，所以我認為宋代是一個以比較具有沉思性格的時代。

第二講

一、唐、宋的儒學
二、《四書》與朱子的貢獻
三、朱學的困境與陽明的出現
四、「始知聖人之道，吾性自足」

一、唐、宋的儒學

前面說過，宋朝比起唐朝更是一個內省的時代，尤其對儒學的部分，還有對孔子角色的問題，宋朝人想得比唐朝的多，而且比較周到，在這方面，宋代人的貢獻也大得多。首先對經學的討論比以前要更多了，「五經」變成「九經」已經過了幾百年，「九經」就數量而言，又不能滿足人們探索的需要了，所以需要擴大補充，所以到了宋朝，「九經」又變成了「十三經」。他們把《論語》、《孟子》還有《孝經》、《爾雅》都加入經部，老實說，這其中是有大問題在的，但由這個試圖增加儒學規模的舉動，可以看出宋代人對傳統中國的核心、已「垂危」了近千年的儒家是如何嚮往，更可以看出他們重振儒學的企圖了。

但任你如何擴充，把《論語》、《孟子》加入經部都還說得過去，因為此兩書確實重要。而《孝經》先不說此書是否真實，光是由內容看，《孝經》的字數實在太少，與其他經書相比，光分量上也「不配」成為「經」的，當然此書的真偽是更大的問題；其次《爾雅》是本字書，相當於現在的一本字典，是工具書，從意義上看，也沒有「經天緯地」的作用，不能算是經的。但我們可從「經」的增加看出宋朝人對儒學的嚮往，也有更多學者投身到儒學的範圍之內，當然更可見到儒學在這一時代有極大興復的可能。我們看北宋時有許多有名的學者，都全身致力在儒家文化的發揮上，跟魏晉的人物亦儒亦道、唐代人物亦儒亦佛的作風很是很不一樣的，他們在思想上更純粹一些，當時的名儒有范仲淹（希文，989-1052）、歐陽修（永叔，1007-1072）、邵雍（堯夫，1011-1077）、司馬光（君實，1019-1086）等。

還有一點更為重要，北宋時有了許多學者試圖建立一套以前沒有的詮釋體系，來重新規畫、建構一套歷史所未見過的新的儒學，這套體系當時稱它為「理學」。從北宋開始，就有了許多以前從未有過的「理學家」出現，譬如孫復（明復，992-1057）、胡瑗（翼之，993-1057）、石介（守道，1005-1045），到周敦頤（濂溪，1017-1073）、程顥（明道，1032-1085）、程頤（伊川，1033-1107）、張載（橫渠，1020-1103）、謝良佐（上蔡，1050-1103）、尹焞（彥明，1071-1142）等。與以前的儒學家不同的是，他們很少在政治上追求發展，平常也不太喜歡「舞文弄墨」。

跟之前的學者通常兼為文學家（詞章）不同，他們都不太想做文學家，他們比較在意讓他們自己的生活與傳統儒學的道德境界相契合，他們更專注的是儒學裡有關心性的學問，而所扮演的是一種純粹學者兼道德力行者的角色，盡量追求與實際政治無關的生活。這一點跟之前的傳統儒者很不相同，傳統儒者是要講「外王」之學的，「獨善其身」是不得已的選擇，他們道德的極致是「兼善天下」，所以對「外」的營求比較看重。北宋時候的這群學者，他們重視內省，平日身邊常跟著一群學生，帶著學生一起學習與生活，這點倒很像晚年的孔子與孟子。

學生把老師說的、做的都記錄下來，所以從宋代起，中國又蓬勃出現了一種新的文體，就是「語錄」。當然，語錄在先秦時就有了，《論語》就是其一，但漢以後就比較少了。語錄就是由學生記錄老師說話與生活的細節，一般都由口語來記錄，有點像後來的白話文，文字比較淺顯，孔子說過：「辭達而已」，意思是文辭能達意就夠了，無須過分華美。因為直接又明白，缺少文學上的操作，所以語錄體的文章更為自然，思想脈絡也比一般的文章清楚多了，跟那些著重辭藻又講求對偶的駢驪之作尤其不同，這種文體流行，對文學發展也形成影響。宋朝崇尚理學，淺白的語錄體文章多了，這種狀況對後來的白話文學提供了不少的理論基礎，光從文學發展史的角度看，也是一種特色。

宋朝社會也與之前的幾個朝代很不同，宋朝多了很多民間人士辦的書院。書院其實在晚唐就有了，唐宋之間的五代慢慢增多，但到宋朝，因為很多名儒不做官只講學的關係，書院就更多了。

書院是一種學校，有別於以前縣有縣學、府有府學，中央有國子監的那些學校。那些學校都是政府辦的，主要是培養能參與國家考試的生員，考上便可以進取、做官，所以之前，學校與取士往往是一起談的。而在宋朝大量興起的書院跟那些學校不同，書院絕大多數是民辦的，表面有補官學不足的功能，而它的目的不在為國家培植考生與官員。書院提供學者講學的場所，讓學者有發揮所長的場地，書院因入學限制不嚴，也讓社會一般人有接觸知識的機會。書院是真正的為學問為知識而推行教育，目的不在服務政治，入學的學生多是自覺自動的，目的也多在求知。官方的學校要由政府管理，大多設在通都大邑，中央的「國學」設在首都，地方的府學、縣學也設在地方府、縣政府之所在，而書院通常設在山林郊野，刻意與人群保持適當距離，以利師生安靜作息，書院的領袖往往不稱校長、院長，而稱為「山長」，就是基於這個緣故。宋代的書院通常是講理學的學者著述駐講之所，幾個有名的書院不斷有大儒往來，彼此切磋砥礪，書院也就成了理學發展的根據地了。

理學，顧名思義就是講道理的學問，因為到了宋代，「崇儒」成了共識，這道理比較偏向儒家的道理，再加上這些理學家的身分與一千多年前的孔子很相近，都以講學或著述為業，孔子「教師」身分就重新越發受到肯定。到了宋朝，孔子的形象便由漢代的「素王」，隋唐時代的面目不清，變成很清楚的一個傳道授業的教師角色了。我們認為，這種轉變很好，孔子雖然很「多元」，但教師還是孔子始終不逾的真實身分。

二、《四書》與朱子的貢獻

到了南宋，沒人不會想起朱子。

朱子名朱熹（1130-1200），字元晦，又字晦庵，號考亭，婺源人。婺源這地方很有趣，是徽州的一部分，原本屬於安徽，近代又屬於江西，所以論起朱子的籍貫，有的稱他安徽人，也有人說他是江西人，其實都對。朱子雖是婺源人，但他出生在福建的崇安（今屬武夷山市），後來也常在福建講學，最遠還到過金門，故學者稱朱學為「閩學」，以與北宋的濂學（周敦頤）、洛學（二程）、關學（張載）區別，因「閩學」的名稱，以致也有人以為他是福建人了。

朱子一生在宦途發展得並不好，最高好像只做到知南康軍（南康軍在今江西省星子縣附近，軍是當時的地方單位，比縣稍大，有一點與古代的郡的含義相近。知南康軍，相當是做南康郡的郡守）。他一生最大的貢獻不在仕途，而在講學與做學問，一生講學著述不斷，尤其致力於儒家的經學的開展，主要著作有：《周易本義》、《詩集傳》、《四書或問》、《四書章句集注》、《孝經刊誤》、《小學書》、《楚辭集注辨正》等，史學類的有《通鑑綱目》、《宋名臣言行錄》，雜著有《家禮》、《近思錄》、《河南程氏遺書》及《伊洛淵源錄》等。

朱子對學術最大的作用是從他開始，中國有了「四書」這個觀念。「四書」原本是四種不很相干的著作，〈大學〉與〈中庸〉原是《禮記》裡的兩篇，本不是「獨立」的書，朱子選它們出來再加上《論語》與《孟子》兩部書，併在一起，為它們做集注，就成了有名的《四書章句集注》這本書了。

《四書》成「書」之後逐漸變得重要，從南宋到元、明，自從有了《四書》之後，社會慢慢忘了有卷帙浩繁的「五經」、「九經」或「十三經」了。由「五經」、「九經」而「十三經」，可以視為經學的繁化，而從「十三經」又變成「四書」，可以視為經學的簡化。我們在文化發展歷史上，可以看到不少繁化或簡化的運動，不見得誰對誰錯，都有理由存在，進或退、興或消，純是趨勢上的問題。

看起來有些矛盾，從五經「孳乳」成十三經，經學的繁化是反映了時代的需要，但是不是文化發展一定得日趨繁呢，也不見得全都如此的，影響文化發展的東西很多，前面說過，宋代是個注重內省的時代，在內省的風氣之下，尋找最根本、最核心的思考要素漸漸顯得重要。哪些是重要的要謹守不放，哪些是次要或根本不重要的要揚棄、剔除，就變成人考慮的重點了，在這種思考中，當然就有一種化煩瑣為簡約的趨勢。從經學的現實面看，當五經變成十三經之後，經的數量固然多了，但線條卻反而不清楚了，經的線條不再清楚，裡面的「理」，就因不分明而欠缺了強度，有的甚至產生矛盾了。譬如《春秋》是講「微言大義」的，《公羊》與《左傳》都在解釋《春秋》，但立場不同，結果便讓其中的「大義」相差很遠了。這些差異，在都是它們還是「傳」時是沒問題的，但當把「三傳」都變成為經之後，種種問題都產生了，一些傳上的解釋歧異，便形成了經學上的對立與矛盾，要想在這方面爭個對與錯，是永遠沒法了結的，譬如就由《公羊》與《左傳》引起的經學上今、古文之爭，隨之而來的是有關孔子定位的問題，到清代末年還沒結束。相形之下，朱子編的《四書》要簡單明確多了，也夠精準，易讀易學，儒學透過《四書》，聖人的義理似乎更好把握些。從此之後，朱子的《四書章句集注》成了不論官場或民間最重要的一部書，也成了解釋儒家思想最主要的根據了。

朱子死了後，名聲響亮勝過生前，元朝講儒學的，多宗朱子學，到明朝之後，明太祖就極推崇朱子，成祖還敕胡廣等修了《五經大全》、《四書大全》、《性理大全》等書，都以朱子之學為主，政府舉辦的各項考試，都以朱子的《四書章句集注》為「題庫」，不但在裡面找題目，而且慢慢形成，必須以朱子的解釋為正解的一種規矩。不僅如此，因地利之便，東鄰韓國常與中國相交通，儒學也盛，但韓國的儒學一向崇敬朱子，到明代中葉之後陽明學逐漸散布開來，成為顯學，而韓國不為所動，大儒仍以朱學為宗。

這當然也有道理，《宋史．道學傳》引黃榦（直卿，1152-1221）的話來形容朱子說：

> 道之正統，待人而後傳。自周以來，任傳道之責者，不過數人，而其能使斯道章章較著者，一二人而止耳。由孔子而後，曾子、子思繼其微，至孟子而始著，由孟子而後，周程張子繼其絕，至熹而始著。

《宋史》為元人所修，可見元人對朱子的看法，直將朱子比附為孟子，確是極高的推崇。但這種狀況是朱子生前無法料想的到的，朱子雖科舉出身，前面說過，他一生在官場上沒有什麼太大的成就，朱子在世的時候，他的學術還曾被當時的朝廷視為「偽學」，一度被嚴格查禁過，朱子之學曾受到南宋朝廷與主流社會的排斥，他是死了後才受到「普世」的賞識。

朱子的《四書章句集注》成為明清兩朝所有考試的依據，成了所有考生日夜諷誦的課本，影響既大且深。從正面講，以朱子解釋為核心的儒學興起了，至少從朝廷到整個社會都以儒學為正宗，「朱學」也變得顯耀昌盛，在學術上，朱子幾乎成為孔孟之後儒門最大的人物。但這現象演化下去也有負面的作用，儒學昌盛恐怕只是個假象，因為大家搶著讀「四書」，很少把心放在學問上，而是把「四書」與儒家思想當成搏取利祿的「敲門磚」。因為不管進學或做官的考試，試題都出在朱子的《四書章句集注》書裡，而答題的內容也得依據這本書，這樣一窩風的作過分的崇揚，反而扭曲了此書的價值。所謂「敲門磚」，是指揀塊磚頭來敲門，如視此學為敲門的工具，當門已開，目的已達，書就會被扔掉了。

所有的學術，一旦被視作工具，就會變質，我們知道，學術的價值，是不能只用實際功用來涵蓋的。當書裡所談的道德不再是行為，而成了一個需費力解釋的名詞，而這名詞只是用過即丟工具，這就是把學問、道德工具化了。最糟的是工具化了的知識與道德，往往是僵化了的，萬一強要執行這些僵化了的條目，常會成為人的枷鎖。

朱子的《四書章句集注》裡所顯示的觀點，是集合了許多傑出學者的觀點，朱子的意見與一般人的比較，也是是最公允與持平的。但再公允與持平，一旦成了權威，弊病也會產生，因為既為權威，就不准許有另一種權威存在。至高無上的位置，讓朱注變成自由詮釋的殺手，學術上的弊害也因而產生了，這不能怪朱子，這場面是後世人所造成，是朱子所始料未及的。

還有是朱子之學，本身也不是沒有局限，任何一種學問，放大了看，總是有問題存在的。清代章學誠（1738-1801）有《文史通義》一書，他在〈朱陸篇〉中說：

> 性命之說，易入於虛無，朱子求一貫而多學而識，寓約禮於博文，其事繁而密，其功實而難。雖朱子之所求，未敢必謂無失也。

依章學誠的說法是朱子的儒學不走虛無，追求多學而識、博文約禮的方式，讓儒學踏實而謹嚴，又認為進學而致知，須耐心做積銖累寸的功夫，因為朱子說過：「上而無極太極，下而至於一草一木一昆蟲之微，各亦有理。一書不讀，則闕了一書道理，一事不窮，則闕了一事道理，一物不格，則闕了一物道理，須著逐一件與他理會過。」但章學誠認為要到此地步是困難的，手續也太過煩瑣了，又因為「性命之學」不是故訓之學，不是這樣求法的，性命之學講的是生命的體驗，與實際的學問或知識不見得有太大的關聯，要是從學問上求，往往得不到真相，所以朱學自也有其困頓之處。這牽涉到方向上的問題，是很難調和的，一個時代的勝局，過了時代，反而顯出其敗象了。

明、清的科舉往往死捧著朱子的《四書章句集注》，連帶使朱子與儒學也受到波及，我們可以從吳敬梓的《儒林外史》中看到一些明清之際專走科舉路士子的敗象，這是題外話。總之，朱學到了明代中葉，因為大盛而成為一種學術上的禁錮，就有一群學者如陳獻章（白沙，1428-1500）、湛若水（甘泉，1466-1560）還有王陽明等人，想要在禁錮中尋求解放與自由，便形成另一派學問的展開了。

三、朱學的困境與陽明的出現

儒學本身其實是很自由的，說朱學為禁錮也很不當。〈中庸〉引《詩》曰「鳶飛戾天，魚躍於淵」，便是自由的象徵。朱子很喜歡題「鳶飛魚躍」四字，因為此四字充滿了活潑的意象，我們讀《朱子語類》，看到朱子的生活與思想，也是充滿了自由的心靈的，朱子注《四書》，博採眾說，折中於己，不墨守、不拘泥，可見本身是自由且開放的，後世過分的提倡與尊揚，考試又定為一尊，使得朱學變成了權威。自元代起，朱學又變成官方的儒學，這個「官學」造成儒學的不斷扭曲，其實已非朱子的真實面目了。當朱子之學或儒學弄成這般光景時，就有有心人想幫儒學再找回生命的源頭活水，也找回其中久失的活潑與自由，陽明是其中之一，他提出的意見最具體，這也便是陽明學興起的原因。

王陽明，本名王守仁（1472-1529），字伯安，從名字上看，知道是從《論語．里仁》

「仁者安仁，知者利仁」來的。他明憲宗成化八年（1472）九月三十日出生在浙江餘姚（今屬寧波市）。

現在先解釋一下陽明生死的年月問題。陽明死於嘉靖七年，以前有些人把他生卒的西曆定為一四七二到一五二八年，因為嘉靖七年正好是西曆的一五二八，但陽明死日是陰曆的十一月二十九日，折合西曆已是一五二九年的一月九日，所以用西曆算的話，得寫為一四七二到一五二九年。

依據他的弟子錢德洪（緒山，1496-1574）所編的《陽明年譜》說，王家在東晉之前是住在山東瑯琊的，他們的先人王覽（206-278）曾經做過晉朝的光祿大夫，王覽的曾孫王羲之（303-361），就是有「書聖」名號的大書法家。王羲之九歲時因避北方之亂而隨家遷居江南的浙江，定居在山陰（今浙江紹興），原來王陽明與王羲之是親戚呢，不但如此，陽明的墓地，也在王羲之寫〈蘭亭集序〉的「蘭亭」附近。陽明雖出生在浙江餘姚（所以歷史稱陽明學為姚江學派），但他們王家，在山陰一直有產業，父親王華（1446-1522）在時，又把家遷居到山陰一個叫「光相坊」的地方，此後王家就常住在山陰了，好在山陰與餘姚相去不遠，之後陽明與家人常居山陰，所以山陰，也就是紹興與陽明的關係，似乎比與餘姚的更為密切。

提起陽明父親王華，值得好好談一談。從曾祖王世傑之後，王家都是讀書人，可以說是個里居的讀書世家，但在王華之前，名聲並不顯赫。到了王華，卻造成了一個大新聞，就是王華在成化十七年（1481），參加進士考試竟考了當年殿試的第一名，也就是中了科舉的狀元。這在古代，是非常了不起的一場盛事，我們看明清時的戲劇、小說，中狀元豈不是人間登仙的最高想像嗎？王華竟然達到了。王華中狀元的那年是三十五歲，而兒子陽明才十歲。

王華考了全國三年一次最高考試的第一名，從此之後，固然青雲直上，霄漢可期（王華最高職位做到南京吏部尚書），但對陽明而言，卻不是幸事，因為加在陽明身上的壓力自然更大了。

陽明這人自小有放蕩不羈的個性（年譜上說他是「豪邁不羈」），說他放蕩不羈有點負面，用正面說法是，陽明是一個極為崇尚自由的人。崇尚自由的人多能開放心靈，比較不會隨俗俯仰，一般認為是的，他不見得也說是，一般認為非的，他也不會跟著說非，這種人，往往會異想天開，常對一些已被認為合理的事與起懷疑之思，從而否決它的合理性，簡單說，是個對事總是比較好奇，比較喜歡唱反調的人，也是個會獨立思考的人。

陽明十一歲的時候，隨父親到北京居住，父親因考上狀元在翰林院任翰林院撰修之職（明代狀元授翰林院撰修，榜眼、探花授翰林院編修），王華為兒子請了位家庭教師來教他，目的何在，明眼人一看便知，是想要陽明繼承他的成就，至少將來科舉能舉有高第，以不辱王家的「家聲」。想不到十一歲的陽明不很受教，一天突問他老師道：「何為第一等事？」老師答以：「惟讀書登第耳。」登第就是金榜題名的意思，想不到陽明立刻反駁說：「登第恐未為第一等事，或讀書學聖賢耳！」

據錢德洪編的《年譜》記載，他十五歲時曾登臨北京附近的居庸關，便「慨然有經略天下之志」。所謂經略天下，就是整頓天下，換句話說，就是現在人常說的「以國家興亡為己任」了。當時陽明對兵法特別感興趣，自己找了很多兵書來讀，也沒人教他，他到處觀察山川形勢，思考軍事上防禦與進攻的許多事。陽明自少年對兵法保持興趣，而且一生研究不輟，看起來心多旁騖，但這跟他後來能夠敉平明朝的三個「國家級」的亂事極有關聯。陽明在軍事上的事功，我們會留下一整講的時間來講，此處不詳說，但可以知道的是，陽明自幼就是一個多方面的人，這「多方面」指的是他個人的才情與興趣，也包括性格多元與情緒多變化，一個多方面的人，是很難用一個簡單的標準來界定的。

陽明對儒家之外的道教與佛教，也曾有高度的興趣，他對道教的養生哲學曾一度入迷，他十七歲時因父母之命到江西南昌迎娶（古代結婚都早，十七八歲結婚很普遍），結婚的對象是他遠房表字輩的親戚，姓諸。結婚的當天，陽明閒步到附近的一個鐵柱宮，是個道教的道觀，看到一個道士在裡面打坐，陽明好奇，便跟他攀談起來，談的就是道家養生之道，想不到一談就整個晚上，連自己要進洞房的事都給忘了，第二天被妻家的人尋獲，才帶了回去。

弘治六年起，陽明共參加三次會試，到弘治十二年才考上進士，當年陽明二十八歲。他考上進士比他父親早，但成績比他父親遜色，不是考上狀元。但中進士已很好了，狀元其實是進士的第一名而已，狀元的階級地位稍高於一般進士，而之後的出路跟一般進士也沒有太大的差別，這時他父親的心願終於達成。但中進士並不是陽明心頭真正的目的，因為他早就覺得讀書應舉，不是君子的「第一等事」，他之應試是父親的壓力，再加上家庭與社會期許的因素。

《年譜》裡還有些陽明青少年時代的描述，說陽明在他母親肚裡懷了十四個月還生不出來，後來「祖母岑夢神人衣緋玉雲中鼓吹，送兒授岑，岑警寤，已聞啼聲。祖竹軒公異之，即以雲名」，所以陽明原來名王雲。

但陽明生下來五歲前均不能言語，有一神僧過之曰：「好個孩兒，可惜道破。」竹軒公悟，更今名，遂能言……，古人對偉大人物的誕生，總會編造些神奇的故事，這些話可能真，但假的居多，不可盡信。《年譜》又記陽明二十二歲，正好是弘治六年，參加春闈（古時進士考試在春天舉行，故稱「春闈」）下第，宰相李西涯（即內閣大學士李東陽，明代不設宰相，此處宰相是俗稱）曾對他說：「汝今歲不第，來科必為狀元，試作來科狀元賦。」陽明懸筆立就，諸老驚曰天才，退有忌者曰：「此子取上第，目中無我輩矣。」及丙辰會試，果為忌者所抑。陽明是弘治十二年己未進士，之前兩次會試均不第，屢試不第，這在古人言並不稀罕，何況陽明只兩次沒考上，是不是自己考運不濟，或根本沒考好，都有可能。《年譜》所記「忌者所抑」，老實說並不確鑿。

陽明《年譜》對早年記載，常有些穿鑿附會的地方，這在其他年譜上也屬常見，但讀者還是應注意的。

陽明在三十五歲之前，曾當過一些初獲進士名銜後「循例」該當的官，他在工部做過實習官員，當時叫作「觀政工部」，也做過刑部雲南清吏司主事，也主考過山東鄉試，又擔任兵部武選清吏司主事，主要工作的地方都在北京。

弘治十八年，陽明三十四歲，當年五月，弘治皇帝駕崩了。繼任的是他的長子朱厚照，翌年改元正德，是為武宗。武宗當皇帝時年僅十五歲。明朝「好」皇帝不多，但弘治（孝宗）算一個不錯的皇帝，自己品格還算好，也能謙恭，會用些賢達之士，也比較會聽老臣、大臣的話，君臣的關係頗為和諧，所以歷史曾把弘治當成明代的中興之君。

可惜好景不常，接他位子的兒子正德（武宗）極其荒淫無道，喜好畋獵騎射，愛玩又貪婪，個性喜權謀卻不做正事，民間傳說「遊龍戲鳳」（又叫「江山美人」）的故事就是描寫他的荒唐。他還在宮廷私設「豹房」，成天在裡面亂來，不理朝政，不但自己荒唐，也放縱手下群小胡作非為。最有名的是宦官劉瑾（1451-1510）專權，他明目張膽的在宮中與朝廷做盡壞事。而他手下又養了一批幫他跑腿辦事的爪牙，一共是八人，也都是宦官，便是當時所謂的「八虎」，到處興風作浪，為非做歹，弄得宮廷內外一片大亂。

這種朝廷大亂是由皇帝造成的，自然該由皇帝負全責。但皇帝武宗是「天命」，除非自律，任誰也奈何不了他。這種個性的皇帝上臺，讓他父親留下的老臣一個個皺眉，卻也無法可想。明朝不設宰相，但有內閣，曾經做過先朝內閣大學士（當時也稱為首輔、地位稍似宰相，裁度的大權還是掌握在皇帝手裡）的如劉健（1433-1526）、李東陽（1441-1516）、謝遷（1449-1531）等人都上書極諫，但所上的書都只到了劉瑾手裡，皇帝大多沒看到，即使看了，也置之不理。老臣眼見上書得不到回報，最後只有紛紛辭職歸田。

當劉健、謝遷等老臣紛紛走人之後，還有一批年輕的臣子眼看國事日非，不願沉默，也陸續上書請求皇帝改弦易轍，希望皇帝努力從政之外，不要再信任宦官，在南京做官的戴銑（？-1506）、薄彥徽（弘治九年進士，生卒年不詳）、陸昆等是其中的上書者。不料上書還未到皇帝手中，就被劉瑾等人先看到了，劉瑾等人便假造皇帝命令，把這群人抓進詔獄，每人廷杖三十，削籍為民。戴銑則被廷杖死於獄中。

所謂廷杖，是命令犯案的大臣在朝廷公開接受處罰，處罰的方式是用木杖用力打他的背脊，有些大臣身體不好或年老了，常會被當場打死，戴銑就是這樣。中國古諺有「刑不上大夫」的話，是說要給士大夫留面子，真犯了不可寬恕的大罪，可命他自裁，絕不可過分羞辱他，想不到明朝竟有廷杖這種制度，極不文明不說，對吏治也有極壞的影響。

王陽明本人後來因辯戴銑案得罪朝廷，被廷杖四十，並被貶謫到貴州龍場。當戴銑案起的時候，陽明在北京的兵部，擔任一個七品的主事之職，可以說是個很小的官，但他聽到後義憤填膺，也寫了封信給皇帝，題目是〈乞宥言官去權奸以章聖德疏〉，其中有言謂：

君仁臣直。銑等以言為責，其言為善，自當嘉納；如其未善，亦宜包容，以開忠讜之路。乃今赫然下令，遠事拘囚，在陛下不過少示懲罰，非有意怒絕也。下民無知，妄生疑懼，臣切惜之。自是而後，雖有上關宗社危疑不制之事，陛下孰從而聞之？陛下聰明超絕，苟念及此，寧不寒心？

題目裡的「宥言官」是指請原諒向你進諫言的人，「去權奸」，則是除去專權的奸臣的意思，所指十分明白，當然跟其他的一樣，這疏文一上到朝廷就被「權奸」先看到，陽明也被逮赴詔獄，並且被廷杖四十。詔獄就是直屬皇帝管的大牢，是在一般司法所管之外的，主管是太監。還好陽明當時年輕，身體也算好，能忍受皮肉之傷，他在監獄又關了些時候，在正德二年的夏天出獄，便被貶官為貴州龍場驛的驛丞。

他用了半年的時間，從北京南下，到家鄉待了一陣再奔赴貴州，當時交通不便，再加上旅途發生不少問題，所以耽誤了不少時間，《年譜》在此年有記：

先生至錢塘，瑾遣人隨偵，先生度不免，乃託言投江以脫。因附商船遊舟山，偶遇颶風大作，一日夜至閩界，比登岸，奔山徑數十里，夜扣一寺求宿，僧故不納。

趨野廟，倚香案臥，蓋虎穴也，夜半，虎遶廊大吼，不敢入。黎明，僧意必斃於虎，將收其囊，見先生方睡，呼始醒，驚曰：公非常人也，不然，得無恙乎？

當然有些是傳奇的描寫，而這段經歷，常被好事者作鋪陳故事之用，加油添醋，出神入化，不可盡信，但可見出，在貶謫旅途上似也有朝廷政治力介入，因而風險不斷，甚至使陽明遭到不測。

四、「始知聖人之道，吾性自足」

陽明在第二年也就是正德三年戊辰才到貴州龍場，陽明當年三十七歲，後來他在此地待了整整兩年，一直到他三十九歲才離開。這次被貶謫，是陽明一生的轉捩點。中國歷史不少名人，在經過人生變難之後，生命境界大開，終於成了極大事業，司馬遷在〈報任安書〉中說：「蓋文王拘而演《周易》；仲尼厄而作《春秋》；屈原放逐，乃賦〈離騷〉；左丘失明，厥有《國語》；孫子臏腳，兵法修列；不韋遷蜀，世傳《呂覽》；韓非囚秦，〈說難〉〈孤憤〉，《詩》三百篇，大抵聖賢發憤之所為作也。此人皆意有鬱結，不得通其道，故述往事，思來者。」正可證明此事。陽明居夷處困，到處行動不便，反而將平日的寵辱忘懷，身邊一無交往酬酢的對象，枯寂的生活，更觸發了他頗為頻繁的內心活動，這種轉變，使得他在思想上的進程大步超前。錢德洪編在《年譜》上寄這段經歷說：

> 龍場在貴州西北萬山叢棘中，蛇虺魍魎，蠱毒瘴癘，與居夷人鴃舌難語，可通語者，皆中土亡命。舊無居，始教之範土架木以居。時瑾憾未已，自計得失榮辱皆能超脫，惟生死一念尚覺未化，乃為石墎自誓曰：「吾惟俟命而已！」日夜端居澄默，以求靜一，久之胸中灑灑。而從者皆病，自析薪取水作糜飼之，又恐其懷抑鬱，則與歌詩，又不悅，復調越曲，雜以詼笑，始能忘其為疾病夷狄患難也。因念：「聖人處此，更有何道？」忽中夜大悟格物致知之旨，寤寐中若有人語之者，不覺呼躍，從者皆驚。始知聖人之道，吾性自足，向之求理於事物者誤也。

這段記錄極為重要。陽明學的主旨在「良知」，要知道所謂良知是每個人都有的，即上文所說的「吾性自足」，但有些人迫於習染，把良知弄得混雜了，或把原本有的良知弄丟了，以致良知不再，所以就得「致良知」了。所謂致良知，是指把良知重新找回，而良知在心，自不能從外緣知識中尋找，當然也不能從書本中找，書中的是聞見知識，與良知無關，良知得從個人的身體力行中去發現，這就是陽明的「知行合一」之說的來由。這個見解，是陽明在居夷處困時發現的，所以這段經歷，對陽明而言十分重要，這一年是他一生最大的轉折，也是他最大的發現的年分。

陽明在貴州前後待了三年，正德五年（1510），害他的宦官劉瑾因謀反涉罪被凌遲處死，陽明的罪就被平反赦免了。他隨即被任命為江西廬陵縣知縣。廬陵是北宋名臣與文學家、史學家歐陽修的出生地，陽明三月到廬陵，但沒做滿一年，十二月就又調為南京刑部四川清吏司主事，後又調任北京吏部，此後在各部調來調去，都不是很重要的位置。但陽明的聲譽開始起來了，前來跟隨的學生日多，他在三十六歲因遭貶謫龍場曾短時回鄉，就有學生向他求學，他早期的學生徐愛（字曰仁，號橫山，1488-1518，也是陽明的妹婿），就是此年北面稱弟子的，之後，跟隨者漸多，在貴州時，也有當地學子加入，陽明此後日常主要的工作，其實是放在與學生相處上面的。

當時他提出的良知哲學，很契合人心，很多人認為能救當時學術之弊，所以跟隨的學生更多了。直到正德九年，他又被任命為督導滁州馬政，顧名思義是管官馬的一個地方事務性官員。滁州在安徽的長江沿岸，離南京很近，這地方也與歐陽修有關，歐陽修曾被貶謫滁州，以詩酒自放，築有「醉翁亭」於此。第二年，陽明又被調陞為南京鴻臚寺卿，官職比以前高了，但仍是個閒差。他很高興，因為沒太多的事可做，便成天與學生故舊處在一起，得以彼此問難切磋。他的良知之學，也因不斷鍛鍊修正，而變的比以前更成熟。他在正德九年五月從滁州趕赴南京就新職的時候，突然覺得往年自己本想

「迎接學者多就高明一路，以救時弊」，但又可能形成了一個「空虛」之病，而且自覺自己的良知學，與佛道「二氏之學」也有些似分不清楚之處，他立志要釐清。他說居夷三年，再加上這幾年的思考、沉澱，讓他「始見聖學端緒」，他「悔錯用功二十年」，他的良知學，在不斷沉思、反悔與自尋出路的努力中，也進入一個新的境界了。

第三講

一、南、贛亂事

二、宸濠之變

三、丁憂下的陽明

四、思、田的變亂與初到廣西

一、南、贛亂事

陽明從貴州貶謫回來後，過了幾年清閒愉快的日子，這幾年他的弟子大增，自己的學問也深覺有所進，除了發現了「良知」說，也提出「知行合一」的觀念。還有一點是，陽明對傳統、對學術的分際開始懷疑，當時很多人以「道問學」、「尊德性」來區分朱子與陸象山之學，陽明覺得這個分法或有未妥，他以為這個說法太粗糙了。他有了新的想法，他在與徐成之的書信中，批評了當時的宗陸學者王與庵，說：「與庵是象山，而謂其專以尊德性為主，今觀《象山文集》所載，未嘗不教其徒讀書。……」又批評宗朱的學者徐成之，說：

吾兄是晦庵，而謂其專以道問學為事。然晦庵之言，曰：「居敬窮理」、曰：「非存心無以致知」、曰：「君子之心常存敬畏，雖不見聞，亦不敢忽，所以存天理

之本然，而不使離於須臾之頃也。」是其文言雖未盡瑩，亦何嘗不以尊德性為事，又烏在其為支離乎？（《答徐成之書》）

他懷疑傳統學者的朱陸之辨太表面化，其實朱也「尊德性」，而陸也不盡廢讀書，陸學也有「道問學」的成分，從這點看，朱陸的區別並不很大，因此朱陸的不同恐怕不盡在此處。陽明試圖重新建立自己的一套看法，這正是他後來寫《朱子晚年定論》的動機。

在正德十一年（1516）九月，那年王陽明四十五歲，又碰到一次讓他生涯轉換的大事件，朝廷竟派他去平定江西南安、贛州一帶的亂事。表面看，這事不算大事，只小地方有人作亂罷了，但事實是牽涉甚廣的頭號大事。

自明朝中葉起，福建的汀州、漳州附近就因海上巨寇（日本海盜與中國沿海寇賊）不斷，引起了此地區的不安與動亂。由於地在人煙稀少處，又是中國東南沿岸，一開始，朝廷沒有特別注意，後來亂事越變越大，逐漸朝西邊內陸蔓延，在內陸蔓延的不再是入侵的海盜了，而變成了山賊流寇。像這樣的動亂，開始確是由外寇所引起，但也是地方長期不穩、民生長期凋敝所招致，到了正德十一年時，已成了涉及福建、廣東、江西、湖南四省的大型患難了。這時的江西南部、廣東北部、福建西南到東南還有湖南東南部，很多地方已成賊窩，不要說百姓流離，民不聊生，官軍不只不敵，有些還助紂為虐，甚至後來有些還成了賊軍，橫行鄉里，牽連地區達四省之多，成了明代中葉之後的國家大患。

所以這事牽涉十分廣大，表面是南、贛之亂，弄到後來，陽明必須出兵到中國東南沿海一帶，「戰區」極廣。平亂必須依靠軍隊，軍隊由兵部統領，當時的兵部尚書名叫王瓊（字德華，號晉溪，1459-1532），他很早就認識陽明，也深知陽明自幼熟讀兵書、諳習韜略，在軍事上有特殊的看法與才幹，便提名陽明為都察院左僉都御史，巡撫南、贛、汀、漳等處。所謂南，指的是江西的南安；贛，指的是江西的贛州；汀州、漳州則在福建南部沿海，當時是幅員廣大但人口相對少的地方。

這是陽明第一次得到讓他率領部眾平亂的命令，而且區域之大，所涉事務之廣，超乎事前所能想像。首先得說，這個任命與他的職位並不相稱，因為不久前他只是個剛從正七品升到從六品的官員，在朝廷而言，是個很低的官階，另一方面，他雖曾熱衷兵法，私下對軍事一直有高度興趣，但他是文職官員，不是武將，也從來沒有實際帶兵的經驗，對他來說，這個任命是個極大的考驗。但陽明很有勇氣，也想實踐少年時領兵平亂的夢想，私下也想報答王瓊的識人之明，就爽快接受了。他在正德十一年九月得令，十月連忙回浙歸省，在家鄉待到年底，想是利用時機消化判斷各種訊息，等心有成竹，便立刻動身前往任所，到第二年正月，已到江西履新了。

陽明一到當地，就有極大的作為，可見他事先準備周詳。他知道，要想有兵可用，必須先從整軍開始。明代的軍隊，可分為中央軍與地方軍兩種，中央所屬是正規的軍隊，配備與訓練都比較好，而地方軍，雖不能說不正式，但與中央軍比較，無論配備、訓練與實力都相差甚多。陽明不是將領，也不是正規軍人出身，當然不會把國家正式軍隊交由他統帥，他只能糾合、運用所屬地方的既有武力。他依靠自己的聰明，到了江西的南安、贛州，第一件事就是集合早已渙散了的當地地方部隊，立刻加以整編、重組。

明代地方的駐軍，叫作「衛所」。衛所的特色便是兵農合一，為求與農民安土重遷的習俗配合，駐軍幾代駐在此處，並不調防，一方可守土，一方又可務農自足，如此國家也可省養兵之資。這些軍人在當地娶妻生子，已與地方結合一體，說好是熟知地方形勢，也與地方人士打成一片，說壞是這些軍人配備老舊、缺乏訓練，也因長期不調動，早已喪失了「動能」，表面上算是軍人，其實是幾無戰力可言，憑他們頂多只能維護當地的治安而已。陽明到了後才知道自己要先有一套選兵、編伍的方式，他對全國的軍隊制度，沒有更動的權力，也沒有必要，因為國家的事要費時過久，牽涉過廣也不保證必然有效，但對自己面前要率領的部隊，他自然有調遣掌控的權力。

陽明的辦法是，在每個衛所僅選十分之一甚至二十分之一的年輕軍人，選上的精卒，加以密集又嚴格的訓練，再重新編伍，每隊大約只有四五百人，不求陣容強大，只求是能戰的健卒，以便利於靈活作戰。東南諸省，山川縱橫，大規模的軍隊沒有作用，小軍隊反而調動靈便。衛所兵士沒被選為精卒的，則令其守土安鄉，維持本地的治安。

陽明等於採用募兵制，但不是向外募兵，而是向既有的衛所募兵，所募集的兵卒，給他們較好的待遇與福利，使其樂於作戰，並且加強小隊作戰的訓練，使其有機動且嫻熟山地作戰的能力。這全新的選兵制度須經過中央批准，因為他得有兵部尚書王瓊的全力支持，允許他便宜行事。不久之後，陽明親自率領這些「新軍」轉戰各地，竟然獲得極大的成就，敵寇紛紛瓦解、投降。不到兩年，橫行了好幾年，連禍四省的賊寇，終於全部被清除了。

這是陽明第一次「軍功」，想不到大獲全勝，這證明陽明平日所言的知行合一，「知」不是空知，「行」不是假行。

南、贛、漳、汀之亂平息後，正德十四年（1519），陽明四十八歲，人正在江西，福州又有叛亂傳出，這次叛亂在福建的北部，因為他對該地區比較熟悉，便又接到兵部命他刻期赴閩平亂的命令。他接命後六月初九啟行，十五日到了江西的豐城，想不到在迎接他的豐城知縣顧佖處，得知寧王朱宸濠起兵叛變的消息，寧王是明朝的宗室，這次變亂非同小可。陽明得知後，權衡輕重，立刻決定暫不前往福建，打算設法就近阻止寧王勢力的擴張，因為福州之亂，只是地方性的小型變亂，而皇帝的宗室寧王高舉反旗，則是全國甚至全天下的亂事了。

二、宸濠之變

寧王朱宸濠（-1521）是明太祖第十七子朱權的五世孫，分封在南昌。寧王起兵，開始時氣勢很盛，一下子從南昌向北方的南康進逼，後來占領了九江，控制了鄱陽湖到長江中游一段，亂事剛開始不久，如不在此時阻止，讓他順勢而下，萬一取得明朝的另一首都南京，後果就不可設想了。

提起首都南京也很有趣，必須作一說明。明朝有兩個首都，而且都是正式的。明朝初年，太祖原來定都南京，到了成祖（原燕王朱棣，都燕，即北京）時，才臨時「遷都」北京（原來稱作「行在」，指皇帝在外的臨時辦公處）。想不到這「臨時」卻不斷展延，因種種原因，終於無法遷回南京了，但南京依然維持著首都的規模，除了皇帝不在之外，其餘中央政府的組織，包括六部與其他單位都一無缺少，從這點看來，南京就不是一般的城市，對明朝不論象徵意義與實質影響都十分重要。從長江順流而下，從九江到南京並不很遠，所以當時非常緊張。

寧王宸濠起變是朝廷宗室的變亂，一部分起因是宸濠本人的野心，一部分是武宗荒政，使得宸濠有起變的機會，嚴格算起來，這是朝廷的大醜聞，因此陽明在該年七月初五給皇帝的疏文中寫道：

臣聞多難興邦，殷憂啟聖。陛下在位一十四年，屢經變難，民心騷動，尚爾巡遊不已，致宗室謀動干戈，冀竊大寶。且今天下之覬覦，豈特一寧王？天下之奸雄，豈特在宗室？言念及此，懍骨寒心。昔漢武帝有輪臺之悔，而天下向治；唐德宗下奉天之詔，而至士民感泣。伏望皇上痛自刻責，易轍改弦，罷黜奸諛，以回天下豪傑之心；絕迹巡遊，以杜天下奸雄之望。定立國本，勵精求治，則太平尚有可圖，群臣不勝幸甚。

陽明很清楚這事件的緣起，當然寧王叛亂是緣於野心，但也是皇帝諸事荒唐，國政混亂所致，所以陽明要求皇帝「痛自刻責，易轍改弦，罷黜奸諛，以回天下豪傑之心」，其實天下動亂，已迫在眉睫，因此他說「且今天下之覬覦，豈特一寧王？天下之奸雄，豈特在宗室？」便要求武宗「絕迹巡遊，以杜天下奸雄之望」，徹底從改變自己做起，算是說了實話。這僅是希望而已，做人臣的在此關鍵不得不說，但他知道以武宗的個性言，真能做到他疏文所寫的，要比登天還難。

宸濠亂起時，當時朝廷上下，完全沒有料到，所以一陣錯亂。而陽明正好在附近，陽明也知道宸濠之亂的嚴重性更高，他雖然得令去敉平福州的地方叛亂，沒得到朝廷要他出兵江西的命令，但盱衡形勢，南昌的險局要比福州的大了太多，判斷應先對付宸濠，等宸濠亂平，從江西陸路到福建很便利，到時可再作打算。因為事起倉促，朝廷根本沒有應付的方法，兵部也就奏請令陽明就近指揮。因為他剛平了南、贛附近的亂事，所以朝廷也就「順理成章」的准許他就近指揮了。但陽明所得的「授權」並不夠充分，這完全是事起倉促，又加上明朝的軍政體系很混亂的緣故，對他的任命，有「順水推舟」的性質，其實除了陽明這現成的人選之外，倉促之間，朝廷也確實無他人可命。

陽明初到的豐城就在南昌附近，陽明得軍令之後就小心提防，處處布置，試圖縮小宸濠亂事的影響範圍。然而真能讓陽明指揮的軍隊其實非常有限，再加上兵部給他的權責也不算清楚，很多地方的力量無法調度集中，他只得想盡辦法，動用一切可得的資源。然而所得的兵勇倉促之間也不熟悉他的統御方式，所以出處多現尷尬的現象，不要說平亂，自己已先亂成一團了，這是陽明當時的真實處境。

還好陽明除了江西有不少故舊，在閩、粵兩省也有些曾指揮過的部隊，臨時也可徵調些來用，也有自動來幫忙的，但所組的確然是「雜牌軍」無誤。陽明知道在這種情況下，統領軍隊絕不能猶豫，下軍令必須準確又不動如山，這即是「號令嚴明」，是治「亂」軍的第一步。他又用了一些特別的謀略，包括使用了「欺敵」的手法，譬如透過假造的文件，到處散播消息，讓宸濠知道朝廷其實早已「洞悉」寧王將反的陰謀，在各處已埋下重兵做好防備了。宸濠得到假情報，一時將信將疑，不太敢輕舉妄動，陽明就利用此時，調動各地人馬，試圖包圍南昌。

直到七月中旬，江西各地可用的兵已被調到江西臨江府的樟樹鎮（在贛江口），七月十八日，陽明誓師，北上屯兵豐城，距南昌僅一日行程了。卻不料這時宸濠的軍隊已從九江順江而下，包圍了安徽省的安慶了。安慶兵源不足，也沒料到宸濠會圍城，當時情勢確實十分危急，宸濠萬一占領了安慶，他的聲勢必定大增，到時再揮兵東取下不遠的南京，就斷非不可能了。如同屬「兩京」的南京失守，那天下傾覆於宸濠，恐怕也不遠了。

有人建議陽明揮軍東北，以解安慶之圍，但陽明以為此時屯軍南昌附近，讓宸濠知道自家門口駐有重軍，便可能不敢輕舉妄動，宸濠會考慮萬一南昌失陷，自己必進退維谷，因為南昌是自己的根據地、大本營，在這情況之下，宸濠就不敢傾全力攻打安慶，對整個局勢而言，這可能是保全安慶的最好方法，安慶可保，則南京便可以無憂了，這是陽明的盤算。

另一原因是陽明的軍隊是臨時組成的，多是抽調地方的兵勇，算起來是個雜牌軍，作戰的訓練不足，軍需與調度也都是問題，要他們長途作戰，條件完全是不夠的，要將這雜牌軍從長江中游移師到下游的安慶作戰，不見得有必勝的把握，萬一失敗，則宸濠的聲勢更高，這是更重要的現實，不能不考慮。然而作戰的事，有點像賭局，在底牌亮出之前，誰都不能有一定把握。萬一陽明按兵不動，而宸濠孤注一擲的拿下安慶，進而兵臨南京城下，則形勢大變，危機便也更不可料了。所幸陽明經反覆研究判斷後，很有自信，不為他言所動，就在自己軍隊整頓完畢後，很果決的揮兵南下（樟樹鎮在南昌北），以迅雷不及掩耳之勢直探宸濠本營。這個舉措，宸濠與他的手下並未料到，陽明決定迅速進攻，號令極為嚴明，果然很快的在七月二十日攻下了南昌。

宸濠一聽南昌失陷，落入兩難地步。他的大軍已在安慶城外，如全力進攻，此城應指日可下，有許多人勸他不要管南昌，快速拿下安慶，然後再揮軍東下，快速拿下南京，拿下南京之後，就立登皇帝之位，等大半江山底定後，南昌自然賓服。這確實是一步好棋，因為沿江而下，朝廷並無太大的天險可守，再加上兵起突然，江左並無萬全準備，宸濠想攻下安慶甚至南京，並非一無機會。

但宸濠確實如陽明所料，聽到大本營南昌落入陽明之手而大驚，立刻放下安慶之圍，調兵回來爭奪南昌，這下子安慶未得而南昌已失，軍隊倉皇奔走路途，宸濠之勢便大不如前了。但此時陽明這邊也並不很好，他四處請援，也無具體消息，明代中葉因承平日久，已無所謂大軍可用，再加上軍政與軍令系統紊亂，正式軍隊陽明也調動不起，他雖占領南昌，卻只是地方臨時募集的兵勇，力量甚為單薄，想要與宸濠的大軍正式對決，恐怕還談不上必然有勝算，因為宸濠對此叛亂已準備很久了。

所以陽明此戰，一定要鬥智勝過鬥力。陽明知道自己兵力不如對方，但優點在自己已攻克南昌，是屬於以逸待勞的「逸」方，而宸濠是進退失據的「勞」方，天時、地利都有利於自己，要談人和，宸濠也許人多，但叛亂者總是心虛些，口號喊起來不響，至少不如陽明「勤王」來得義正辭嚴，這戰爭只要拖下去，對宸濠而言絕對是不利的。

果然隔了兩天，陽明又更向北，「收復」了鄱陽湖西岸的南康與長江口岸的九江。九江是長江的「咽喉」，宸濠前些時候便是得此地而聲勢大振，想不到此時已落入陽明手中，而宸濠身陷江中，已失去所有的「根據地」了，便更加慌亂，倉促之間與陽明軍在鄱陽湖相遇而大戰，結果在七月二十六日那天，陽明軍大勝，並且生擒了宸濠。

《年譜》記了一段插曲式的文字，說宸濠就擒，乘馬入南昌，望見遠近街衢行伍整肅，笑著說：「此我家事，何勞費心如此！」見到陽明，說自己一位姓婁的妃子生前對自己「苦勸未納，適投水死，望遣葬之」。後來果然尋獲屍體，也妥善予以安葬了。宸濠這位婁姓妃子，原來是陽明十八歲攜新婦歸浙時拜訪過的江西大儒婁諒的女兒。

平定宗室宸濠之亂，這顯然是明朝的「中興」大事，但發展卻有點令人匪夷所思。正當陽明生擒宸濠，上書告捷，並準備北上「獻俘」之際，兵部在皇帝的授意之下，卻要正式的「命將討賊」起來。更荒唐的是好玩的正德皇帝，自己任命自己為「奉天征討威武大將軍鎮國公」，領了京軍一萬多人浩浩蕩蕩「南征」起來。他們早知道宸濠之亂平，寧王已成俘虜，卻不許陽明張揚此事，也不許陽明北上獻俘，說「元惡雖擒，逆黨未盡，不捕必遺後患」，命陽明原地等候御駕。

這是場不折不扣的鬧劇，陽明在經過很多次上書無效後，便覺得興味索然了，不想陪這群人再玩下去，打算獻俘之事做一停當後，便請求致仕回家，從此不再管朝廷和政治的事了。後來宦官頭目張忠屢命他把宸濠帶回鄱陽湖一帶，要宸濠演一次與皇帝（當時的名稱是「威武大將軍」）大軍決戰的戲碼，「而後奏凱論功」，把制勝的首功非送給皇帝不可，其實那時宸濠已虛弱將死，這戲想演也演不成了。

此時的陽明也因久病未得醫治，身體感到虛弱，亟思擺脫，再加上兵馬倥傯之際，他的祖母岑太夫人逝世，而父親王華也在重病之中，陽明此時的心情極壞，匆匆之間便把宸濠交給另一宦官頭目張永，稱病先到杭州淨慈寺養病去了。《明史》本傳上寫這段經歷為：

> 帝時已親征，自稱威武大將軍，率京邊驍卒數萬南下。命安邊伯許泰為副將軍，偕提督軍務太監張忠、平賊將軍左都督劉暉將京軍數千，溯江而上，抵南昌。諸嬖倖故與宸濠通，守仁初上宸濠反書，因言：「覬覦者非特一寧王，請黜奸諛以固天下豪傑心。」諸嬖倖皆恨。宸濠既平，則相與媢功。且懼守仁見天子發其罪，競為蜚語，謂守仁先與通謀，慮事不成，乃起兵。又欲令縱宸濠湖中，待帝自擒。

《明史》說的是事實，對當時處境的判斷也很正確。

三、丁憂下的陽明

在正德皇帝這方面，從正德十四年八月南下「親征」，其實是遂了他平日好玩的心理罷了，想不到這次他還要全國上下陪著他一起玩，真是中外歷史上少有的荒唐了。陽明在七月三十日上皇帝〈擒獲宸濠捷音疏〉中歷述平宸濠經過，不免說了些客套的話，如：「以萬餘烏合之兵，而破強寇十萬之眾，是固上天之陰騭，宗社之默佑，陛下之威靈」。但文後還是說了要說的話，他說：

> 伏願皇上論功朝錫之餘，普加爵賞旌擢，以勸天下之忠義，以勵將來之懦怯。仍詔示天下，使知奸雄若寧王者，蓄其不軌之謀已十有餘年，而發之旬月，輒就擒滅，于以見天命之有在，神器之不可窺，以定天下之志。尤願皇上罷息巡幸，建立國本，端拱勵精，以承宗社之洪休，以絕奸雄之覬覦，則天下甚幸，臣等甚幸。

皇帝御駕親征，一方顯示他幼稚的好大喜功，另一方面，也是誰都看得出來的，他的目的根本不在平亂，而是陽明說的「巡幸」遊玩。武宗在南京待了將近一年，其中重點是在正德十五年閏八月初八日在南京辦了個盛大的寧王受降式，隔了幾天才決定回北京。回程路上，在釣魚的時候落入水池而得病，這病使得他從此不起，終於在正德十六年三月駕崩，死的時候才三十一歲。由於沒有子嗣，由堂弟朱厚熜入繼大統，是為世宗，年號嘉靖。

世宗即位，嘉許陽明的戰功，詔封陽明為「新建伯」。正巧的是，正德十六年十二月十九日朝廷使者來時，正遇到陽明父親王華的生日，這次的策封，使得王家上下充滿了喜氣，陽明當然並不看重此事，而這個榮譽對他父親王華就顯得十分重要，陽明這次的封爵是王華一生最大也是最後的安慰，因為第二年的二月，也就是陽明得策封之後不滿兩個月，王華就過世了。

但此時的陽明無論軍功與學術，仍不斷引起爭議，妬忌與誹謗之聲無日不起，在北京的朝廷上下，批評的聲量與行動比南方的要大得多，皇帝雖給了「新建伯」的爵號，這事經過陽明敬辭並未獲准，但封爵所給的賞賜，卻無一落實，如制文上寫的：「王守仁封新建伯，奉天翊衛推誠宣力守正文臣，特進光祿大夫柱國，還兼兩京兵部尚書，照舊參贊機務，歲支祿米壹千石，三代併妻一體追封，給予誥卷，子孫世世承襲。」除了空的名稱，有關該給的如「歲支祿米壹千石」等，完全是沒有的，以名實相較，才知道是個天大的笑話。

但陽明始終懂得操持，他知道所謂功業，其實是偶然所得，而人格的鍛鍊修養，比起軍功成就，更為重要，因為人格的高低，才是自己能夠充分把握，也無須求於他人的。這幾年他忙於軍務，卻從未忘記要建立自己的學說，也就是良知說的更堅實的基礎，究竟該落在何處等的問題。有趣的是，自從他到滁州之後，身邊總跟著一群學生，他平南、贛、汀、漳之亂時，也有學生跟著，後來平宸濠之亂時，也有不少學生跟著他。《年譜》記陽明平宸濠進南昌城，說：

先生入城，日坐都察院，開中門，令可見前後。對士友論學不輟。報至，即登堂遣之。

可見陽明所至，隨時有不少朋友學生跟隨，那些學生隨時聽到陽明的言教，也隨時看到陽明的身教，當然也體會到身體力行、知行合一的重要了。關於陽明心學的形成與發展，我們有一講會專門論述，此處暫時不談。

世宗改元嘉靖，嘉靖元年王華死時，陽明已五十一歲。陽明只活了五十七歲，因此以他人生而言，此時已算到了他的「晚年」了。朝廷改元，中央要員也多更換，原本十分支持他的兵部尚書王瓊失了勢，陽明也遭波及，敵對的勢力傳出一些消息，說陽明在宸濠初叛時曾有意勾結宸濠，當然這是毫無根據的惡意中傷，但還是造成了傷害，他們建議政府奪其封爵，這些鬥爭，看得出來都是朝廷政爭的延長。而陽明志趣不在此，他數度上書辭封，當然也得皇帝親批「所辭不允」，但北京的謗議並未停止，影響所及是陽明所主張的良知學也因此而被訕謗起來，最大的理由是陽明良知之學是與朱子學相抗的，而官學一向宗朱子。幸好陽明因丁憂居喪，隱居在家，避開了朝廷的是非與爭議。嘉靖二年陽明在越，《年譜》有段陽明幾個大弟子與陽明一起討論陽明被訕謗的事，有記：

> 鄒守益、薛侃、黃宗明、馬明衡、王艮等侍，因謗議日熾。先生曰：「諸君且言其故。」有言先生勢位隆盛，是以忌嫉謗；有言先生學日明，為宋儒爭異同，則以學術謗；有言天下從遊者眾，與其進不保其往，又以身謗。先生曰：「三言者

誠皆有之，特吾自知諸君論未及耳。」請問。曰：「吾自南京已前，尚有鄉愿意思。在今只信良知真是真非處，更無掩藏迴護，才做得狂者。使天下盡說我行不掩言，吾亦只依良知行。」

當然全文的主題是陽明已看清世界的真相，並且找到了自己哲學思想的目標，「信良知真是真非處，更無掩藏迴護」，朝著良知勇往直前，陽明此時，已沒有任何事須要「掩藏迴護」的了，但由學生言談，可知陽明此時「謗議日熾」，是很嚴重的。

表面上受封「新建伯」是個至高的榮耀，而其實對陽明而言並無好處，北京朝廷上，大學士楊廷和（1459-1529）與兵部尚書王瓊素不合，楊不滿陽明將平亂之功只記在王瓊一人身上，所以對陽明與陽明的學生都很不客氣。其實北方一直有很大反對陽明的勢力，陽明雖有不世的軍功，但朝廷有一大夥人，包括張璁（1475-1539）、桂萼（-1531）等人對陽明一直極為不滿，不斷找跟陽明有關的碴。據《明史》所記，陽明受封新建伯，表面是一盛事與榮典，但授陽明的新建伯只是個「不予鐵券，歲祿亦不給」的空名，而且這個空名在陽明死後，又隨即被追奪掉了。這次追奪，終嘉靖朝都沒有恢復，到了下一任皇帝穆宗隆慶元年（1567）才又再追贈，並給了「文成」的謚號，而到此時，陽明已死了三十八年了。

回過來說，這次陽明丁憂居鄉，確實使得他有了休息的機會，也一併躲過了宸濠之亂後緊跟在後的政爭，那政爭實因改朝換代而起，權力核心的調整，隨著引起官場的大撇風，這些煩惱與危機，陽明都因為在家守制而避免掉了。他在浙江待了三年，雖足不出戶，學生仍在周圍，因而講學並未停止，而且來山陰向他求教的人絡繹不絕，書院往往人滿為患。很多人嚮往而來，卻不太能見到陽明，平常的教學，往往由他大弟子如王畿、錢德洪或從泰州來的王艮擔任「教授師」。所謂教授師即教習上的助教，由他們代為授課，有大問題，才由陽明來出面解決。

這種不再做官，居家教學的生活，陽明守喪完畢仍然延續了兩三年，是陽明一生最閒適又自得的日子。嘉靖六年四月，他的大弟子鄒守益幫他編了套《陽明先生文錄》，共四冊，刊刻於安徽廣德，陽明事先還為各篇標注了撰寫年月，這是自初版《傳習錄》之後，第一次出的陽明文集。

陽明當時的學生，有當官的，有科舉高第者，更多是市井好學之士。學生之中，有的年紀大過陽明的，如《年譜》記有董澐來學，記曰：「海寧董澐號蘿石，以能詩聞於江湖，年六十八，來遊會稽，聞先生講學，以杖肩其瓢笠詩卷來訪。入門，長揖上坐。

先生益其氣象，禮敬之，與之語連日夜。澐有悟，因何秦強納拜。先生與之徜徉山水間，澐日有所聞，忻然樂而忘歸也。」孔子曰：「自行束脩以上，吾未嘗無誨也。」陽明也一樣，所以各地來歸的學生很多，不論少長，學生進退也很自由。嘉靖三年中秋，陽明與弟子聚於天泉橋，《年譜》有記：

中秋月白如晝，先生命侍者設席於碧霞池上，門人在侍者百餘人。酒半酣，歌聲漸動，久之或投壺聚算，或擊鼓，或泛舟。先生見諸生興劇，退而作詩，有「鏗然舍瑟春風裡，點也雖狂得我情」之句。

從上面的描述，大約知道平日跟在陽明四周的學生，總數大約有上百人之多，學生跟陽明不只是上課而已，他們是在一起生活的，所以就是一個相當大的團體了。此時陽明的處境如何呢？儘管外面的政爭與風雨不斷，但對自己而言都是局外，那些事都跟自己是無關聯的。陽明在教學之中，容許學生自由思想，也容許學生發展自己的生命力，不加任何無謂的限制。他自己很喜歡過這種生活，所以他十分放鬆，言談之中處處顯示機智與幽默，他真像鳶飛魚躍般的活潑。這段在鄉的時候，應該是陽明一生最暢快的日子。

四、思、田的變亂與初到廣西

好景不常，到了嘉靖六年的五月，突然又傳出了廣西田州的岑猛部將作亂的消息，朝廷找不到能平此亂的人才，便又想到陽明。

此事要稍作說明，廣西的田州與思恩，在現在廣西的南寧附近，漢代屬交趾郡，唐代屬邕州府，元朝改為田州路，設了一個田州路軍民總管府，向來是少數民族居住之地，地屬僻遠，漢人很少，但因控制中國與今越南往來的咽喉，自古就是要地，尤其在國防戰略上言。洪武元年，明軍下廣西，這個田州軍民總管府的總管名叫岑伯顏的，率先歸附明朝，洪武二年把府名改成田州府，任命岑伯顏為知府，而且世代世襲。知府知縣在其他地區是「流官」，所謂流官是指此官職有任期，官員須依任期交接輪替如流水移動，但邊疆地區的地方官如有其必要，便也可改為世襲，就變成了所謂「土司」或「土官」了。

岑伯顏三傳到岑溥，生有二子岑猇、岑猛。當弘治十二年，岑猇因失父愛，弒其父岑溥，此時岑猛才四歲，而岑溥的部將黃驥、李蠻也發兵殺了岑猇，弟弟岑猛從小在幾派土著人馬爭奪中長大，又在朝廷對邊疆少數民族該懷柔或該爭討的矛盾中生存，性格也變得十分複雜，長大後領導部眾時叛時順，朝廷對他一時也難以掌控。

朝廷對這些少數民族的政策一直不很確定，以官制而言，究竟應採全國一致的地方官制度以「改土為流」呢，或是應因地制宜的「改流為土」呢，往往舉棋不定，其實如充分了解「土司」真正問題所在，設專法以解決是不難的。但明代派駐地方的統領官，多數程度不夠高，尤其是在田州這樣的邊區，官員素質更差，他們往往不明癥結所在，又很自私，每逢小的變亂，往往盡力張揚擴大，造成恐慌，而期爭取朝廷所給的各項利益，以逞私欲。

中央政府並不明白真相，因而平亂無力，治絲益棼，這是朝廷官方的窘態。其實早在嘉靖五年的五月，岑猛已死，嘉靖六年所謂的岑猛之亂已不是岑猛在作亂，而是田州土目盧蘇與思恩土目王受在作亂了。官軍因政策搖擺，勦撫無方，原本不大的動亂有擴大的趨勢，當時主管此事的是提督都御史姚鏌，在田州、思恩都失陷了之後，曾「復合四省兵征討，久弗克」，眼見事態擴大，朝廷在大臣張璁、桂蕚的極力推薦下，特命陽明總制軍務，要陽明「督同都御史姚鏌勘處彼中事情」，朝廷的意思是請陽明與姚鏌合作來戡亂，陽明因病上疏力辭，而朝廷卻想錯了，以為陽明或無意與姚鏌合作，便請姚鏌致仕，要陽明全權負責，這也是陽明始料未及的。

另一方面，此時的陽明其實已重病在身，他得了「痰疾」，就是長久咳嗽不斷，顯然是一種肺或與氣管有關的疾病。這種病須長期療養，不能勞頓，但他接到朝廷領軍平亂的命令，廣西極遼遠，地處中國與越南接界的極南之地，對他的身體當然更是極大的考驗，陽明是在屢次辭任無效之後才勉強動身前往。

陽明在嘉靖六年的九月初八啟程前往廣西，在前一日的晚間，他與他的大弟子王畿、錢德洪在天泉橋討論良知學的一個重大問題，引起了王、錢二人「四無」、「四有」的不同體認，這就是有名的「天泉證道」。陽明聽他們各敘己見之後，在總結中做了一次大調和，表面是調和，而事實更點明了兩種說法的衝突矛盾性，顯示陽明學在陽明死後有繼續開展，也有進一步分化的可能。這是陽明與這兩大弟子最後一次討論哲學上的重要問題，也是與他們之間最後一次面對面。這件事在陽明學上說，是個十分重要的事件，我們在後面會說到，此處暫不討論。

陽明從富春江往上經過衢州、廣信（上饒），再經鷹潭入鄱陽湖到南昌。南昌是陽明經常往來的「舊地」，跟他特別有緣，他少年時娶妻於南昌，後來平定了江西南方的南安與贛州之亂，也常來南昌。後來又平定了宸濠之亂，所光復的地方也是南昌。陽明的弟子後學，所來自全國各處，其中也以江西的最多，而且學行都十分篤實，最有名的是鄒守益、羅洪先、歐陽德、聶豹等人，都是江西人，《明儒學案》稱這些學生為「江右王門」，對他們評價極高。連列名「泰州學案」的羅汝芳，也是江西人。陽明這次舊地重遊，自然引起各方與學生的歡迎，但他有要務在身，不能久留。他在南昌參謁了孔廟，並在明倫堂公開演講了一次，講題是四書中的《大學》。

他一路南下，十一月十八日到了廣東的肇慶，二日之後，到達廣西的浯州，隨即在浯州開府，處理廣西一地的軍政事務。他以前曾在南、贛實施過的軍民編組工作，收效很好，立即又重新展開。其中有一個叫「十家牌法」，在維持地方治安上，曾發揮過很好的功能，他到了廣西，也馬上推行。所謂「十家牌法」就是把十家組織為一個單位，實施連保連坐，彼此監護，有功同賞，有罪同罰，在動亂地區舉查、防止宵小最為有效。人民必須先「安內」才能夠攘外，這是「戰地政務」最緊迫的事。其次陽明到達此處，立刻展開偵訪，到處打探消息，各種消息來了後，他以獨有的眼光加以研判，經過幾天之後，他得到結論，知道這次亂事的真實一面，其實不如外傳的嚴重。

朝廷最初給他任命是「總制軍務」，可以調動兩廣、江西、湖廣三區的軍隊，而地區的行政權還掌在當時都御史姚鏌（1465-1537）手裡，陽明等於是來接姚鏌的位置，姚鏌對平亂不是沒有貢獻，岑猛就是死在他手裡，但他亂平之後不太能治理，大亂平了，小亂還是不斷，終至小亂又變大了，弄得他無法收拾。再加上姚鏌不善交際，跟朝中人物如霍韜（1487-1540）、方獻夫（1484-1544）、張璁、桂萼關係比陽明都處理得更不好，所以朝廷命陽明前來替他。而陽明初來時，姚鏌並未離職，軍權仍在手，等到姚鏌的接令致仕，陽明才正式拿到廣西地區的軍政大權，得以處理前面說過要平亂前須處理的事情。

他初到的時候，姚鏌仍在，他只能「暗查」，在了解了各方的實力之後，也作了最基本的部署。他研判的結果是叛亂者的勢力沒有起初所說的大，幾個謀叛的首領，也不是那麼足智多謀，他想只要用心，對付起來並不困難。便想到要調動廣大地區的軍隊來對付一個小區域的叛亂，是否有點太小題大作了？何況廣西群山疊嶂，很多地方人煙罕至，大軍到此是否有作用也是問題。

第四講

一、平廣西之亂
二、死亡之旅
三、軍功與建設
四、死後的爭議

一、平廣西之亂

嘉靖六年（1527）正月，陽明五十六歲，他在病中得令以到廣西去平思恩與田州的邊亂。當時陽明的身分是「總制軍務」，可以提領兩廣、江西、湖廣三區的軍隊。人到廣西桂林，才知道他非但動不了軍隊，領邊區政軍的都御史姚鏌也不願交卸職務，陽明初到，完全無著力處。然而姚鏌在朝廷方面也沒混好，朝廷得知他霸著位置不肯配合，便立刻下令姚鏌致仕退休，陽明才得遂行統領的職責，時間已到嘉靖六年的年底了，要知道陽明只活了五十七歲，這是他在世的最後幾個月了。他曾上疏朝廷請辭此項任命，疏文中說：「臣患痰疾增劇，若冒疾輕出，至於僨事，死不及矣。」他擔心自己的病會害了平亂的事，文中對自己疾病的敘述，是完全真實的。

但已到前線，只有不顧自己身體的好壞，奮力向前了，幸好他神志尚十分清明。陽明專注於目前平亂的事，他之前對此類事務有切身的體驗，當年平定南、贛、汀、漳諸亂，發現大部隊、大陣仗是一點用都沒有的，而此地山脈縱橫，少有民居，比起南、贛、漳、汀更屬荒涼。他又觀察到山區行軍，編制小的軍隊靈活，小規模軍隊才堪大用。後來他平定宸濠之亂，所率領的軍隊數量也比宸濠的叛軍少得多，而且多不是正牌，而是散兵游勇式臨時拼湊出的部隊，但後來不論陸戰、水戰還是穩操勝局，可見制勝的關鍵不在人多。陽明對局勢的觀察很精細，也能很快做出判斷，他覺得猶疑有時比錯誤的決定還糟，錯誤的決定可以再行補救，而猶疑等於喪失了天時，當天時已去，就很難追回了。所以陽明的決斷往往下得很明快，而且一經確定就毫不游移的全力以赴，使命必達，這是處理軍事、帶兵遣將最重要的手段。他在到達浯州十二天之後，就明快的對當前局勢做了判斷，立即上書朝廷，提了不少建議，他的建議，也會說得十分清楚，讓朝廷知道正確的狀況。

他的判斷是岑猛父子雖然有可誅之罪，但是朝廷處置不當，才是他們作亂的主因，而且稱兵作亂的只有為首的如盧蘇、王受等幾人而已，其餘都算無辜受牽連者，何況就算盧蘇、王受阻兵拒險，在陽明看來，也不過是「畏罪逃死，苟為自全之計」，也有被逼的成分。以軍事考量，朝廷派大規模軍隊征勦，當然勝面居多，但是否值得，其實需慎重考慮的。

他的建議一是公開宣布赦免盧蘇，王受二人之罪，令其改過自新。二是令田州、思恩立革「改土歸流」之議，仍設土官，以適合當地實際民情。他在上書中特別言及歷史上「改土歸流」的問題叢生，他說：

臣又聞諸兩廣士民之言，皆謂流官久設，亦徒有虛名，而受實禍。詰其所以，皆云未設流官之前，土人歲出士兵三千，以聽官府之調遣，既設流官之後，官府歲發民兵數千，以防土人之反覆，即此一事，利害可知。且思恩自設流官，十八九年之間，反者數起，征勦日無休息，浚良民之膏血，而塗諸無用之地，此流官之無益，亦斷可識矣。

可見「改土歸流」是邊疆問題的關鍵，他上書朝廷已說的很清楚，但得到的回應是軍事部分應勦撫並用，但民事部分，應土應流的問題是全國的事，還要通盤考慮，不能立下結論。

十二月初五，陽明到達平南縣，與前都御史姚鏌行公務交接，交接後他即派員跟反叛者盧蘇、王受聯絡，告以陽明雖大軍壓境，卻想採用寬大的態度處理，希望對方罷兵以接受招撫。

為表示誠意，陽明在十二月二十五日親臨南寧府之日，即行文廣西右布政使林富（?-1540），下令將之前調集在前方的各地官軍先予解散撤回。這是一個極為冒險的行為，有點孤注一擲的味道，萬一對方看你示弱，對你的要求不加理會，不是會釀成了大錯嗎？但陽明善於綜理亂局，他的判斷一向很準確。他事先仔細調查過，看似大膽，其實小心，他命前線之兵撤退，但戒備並未休止，仍然要軍隊保持機動與強大，讓敵人知道自己隨時是可採進取之勢的，這叫作恩威並施、勦撫互用。等了十二天之後，就在嘉靖七年正月初七日，首領盧蘇、王受自度無法勝過比他們強大的官軍，只得領了叛變的諸頭目到陽明軍門請降，表示願意接受朝廷的招撫。

這是天大的喜訊，正如陽明日後上皇帝疏文中所說：

> 是皆皇上神武不殺之威，風行於廟堂之上，而草偃於百蠻之表，是以班師不待七旬，而頑夷即爾來格，不折一矢，不戮一卒，而全活數萬生靈。是所謂綏之斯來，動之斯和也。

「不待七旬，頑夷來格」是用了古代傳說出征討三苗之夷，七旬（七十天）有成的典故，《尚書．大禹謨》有：「有苗弗率，汝徂征」與「七旬有苗格」之句，而陽明平定苗亂，前後才十多天，並沒有用七十天之久，而且雙方不折一兵一卒，結局是皆大歡喜。但陽明認為盧蘇、王受等人的罪「騷動一方，上煩九重之慮，下疲三省之民，若不示罰，何以泄軍民之憤？」還是要有責罰，於是下盧蘇、王受於軍門，各杖之一百，乃解其縛。

思、田之亂終算解除，陽明在廣西的責任已了，他曾建議朝廷再次討論「改土歸流」之議，但他也知道事關全局，短期恐怕得不到結論，他便又建議先採用土、流兼用的政策，以作觀察，但這事究竟不如平亂緊急，國家的邊區很多，牽涉廣大，也不是可以「立決」的，像這類的上書往往「不報」，意思是沒了下文。

為了貫徹他對思、田少數民族的應許，他也不能輕易辭職走開，他覺得後面的「善後」措施，比平亂的軍政行為更為重要，所以當亂事平定後，他便忙著在思、田倡鄉約、興學校，而且在南寧辦了個很具規模的敷文書院，請一位當時同鄉大儒季本（字明德，號彭山，1485-1563，也是陽明弟子）來主講，試圖以教化來「化民」易俗。這是他平亂望治的一貫方式，之前在平定南、贛之亂時就用過的。

廣西的八寨與斷藤峽一帶一直很不穩，當地的賊寇往往勾結交趾（今北越）地區的寇盜作亂，動輒數萬人。以前因有思、田為患，官軍無力顧及，致使他們聲勢漸大。陽明平思、田之後，便注意到此問題，到嘉靖七年的七月間，令布政使林富、副總兵張祐等出賊寇之不意，分道征討，一個月之內大破諸賊，斬獲賊寇三千有奇，這次征討也大獲全勝。

二、死亡之旅

陽明這次到廣西，是帶著重病去的，到嘉靖七年的十月，他的疾病轉得更為劇烈，到了有時終日臥床不能下地的地步，他上疏告疾請辭。但他多次請辭，都以「不報」做答，也就是說朝廷根本不予理會，他知道這樣拖下去，只有拖到死了，這次他下決心不待朝廷回音便逕自離職，他上疏說：

臣自往年承乏南、贛，為炎毒所中，遂患咳痢之疾，歲益滋甚。其後退休林野，稍就醫藥，而疾亦終不能止。自去歲入廣，炎毒益甚，力疾從事，竣事而出，遂爾不復能興。今以輿至南寧，移臥舟次，將遂自梧道廣，待命於韶、雄之間。夫竭忠以報國，臣之素志也，受陛下之深恩，思得粉身齏骨以自效，又臣之所日夜切心者也。病日就危，而尚求苟全以圖後報，而為養病之舉，此臣之所以大不得己也。

但這次疏文依然是沒有得到回報，而陽明自知已拖不下去，不得不走了。在陽明而言，他病入膏肓，沒有不走的理由，然而沒得到上級批准而逕行離職，這算違反了「官箴」，就法律上言，卻也是不合法的，這也是陽明死後被人彈劾所持的理由之一。但他確實病重，再加上要平亂的事確實已了，而且他預計等他到了廣東韶關一帶時，必可得到朝廷正面回音，便把事務交代手下後逕自離開了。

因為重病，回程走得很慢，有時候覺得身體好些，也順便到了一些事先沒規畫的地方，有點遊歷的性質，這一點可見陽明有些任性，是不太可取的。中間他經過廣東增城，其地有陽明五世祖王綱的廟，王綱字性常，在元末明初是個亦道亦儒的人物，曾與誠意伯劉基友善，見過太祖洪武，拜兵部郎中，後擢廣東參議，死於苗難。陽明又路經他好友湛若水（字元明，號甘泉，1466-1560）的家，湛若水是大儒陳獻章的大弟子，也是一時的名儒，在北京任官時與陽明交好，陽明到時，不巧湛外出，只見到湛的家人，可見此行匆匆，是完全沒有事先約定的，看他留詩〈題甘泉居〉，其中有「十年勞夢思，今來快心目。徘徊欲移家，山南尚堪屋」句，可見他當時身體還一度平穩，心情也甚佳，甚至還浪漫的想到一天搬來廣東與甘泉為鄰呢。

他在旅途又遇一伏波廟，便進去祭拜。伏波廟所祭祀的是東漢時大將馬援（字文淵，封伏波將軍，前14-49）。在兩廣與中國南部諸省，伏波廟不少。馬援老年出征交趾，為漢朝開拓南方疆域，貢獻很大，回程死於旅途，當時毀譽不斷，雖相去千餘年，但陽明想來，總覺得自己與馬援當年的遭遇有點相像。更奇的是陽明十五歲時隨父親在北京，曾夢謁過伏波廟，還在夢中題詩其上，他的一生，常把自己與馬援相比，這點有些不好理喻，譬如正德十一年丙子，他初授都察院左僉都御史的令出征南、贛，一年後，陽明四十六歲，他有〈喜雨〉詩三首，其中一首有「片雲東望懷梁國，五月南征想伏波」之句，可見伏波之想，不僅在其少年，及壯後也常在他念中，不圖此次歸途又有此奇遇。這次所見歷歷，不由興感再題二詩，其一曰：

四十年前夢裡詩，此行天定豈人為？
徂征敢倚風雲陣，所過須同時雨師。
尚喜遠人知向望，卻慚無術救瘡痍。
從來勝算歸廊廟，恥說兵戈定四夷。

「四十年前夢裡詩」即指自己十五歲時夢謁伏波廟的事。這首詩最後兩句「從來勝算歸廊廟，恥說兵戈定四夷」，一方面說的是當年馬援死後遭彈劾的故實，一方面也預計未來自己與朝廷的關係不好，可能遭遇險惡，不幸的是，他詩中所言並沒有錯，陽明生前死後謗議叢生，久久不能平復，連他的良知之學，也幾度被視為「偽學」。

陽明於嘉靖七年十一月二十五日到了江西南安，二十九日辰時在南安青龍舖病卒。南安是他首建軍功之地，算起來也很巧合，臨逝前見到在南安任推官的門人周積，周積痛問遺言，陽明說：「此心光明，亦復何言？」尋瞑目而逝，遺體後經南昌，於嘉靖八年二月抵越，十一月葬於山陰蘭亭附近之洪溪。

陽明以一介文臣，一生平定三次國家危難，從歷史上看，這種功業，便以武將而言，也屬難得，對文官而言，幾乎已達不可能的地步。後世儒家對一個人最高的期許是「內聖外王」（「內聖外王」其實是《莊子．天下篇》中語，原非專指儒家而言）。「內聖外王」就是指一個人把自己「樹立」好了之後，還要想法子去幫助別人，讓別人同樣也能樹立起來，最後讓天下都達到至善的地步，這跟孔子所說「己欲立而立人，己欲達而達人」《論語．憲問》含義是一樣的。要達到這種地步，自己必須要有相當治國平天下的本事，沒本事，一切都是空言。但光有本事也不行，還須要有適當的機會，沒機會也是白說，孔子、孟子在政治上都有一定的見解與才幹，但因沒機會，便「只能」野處做一個獨善其身的聖賢了。

從這點來看，陽明真是如雲從龍、風從虎般的「風雲際會」了。他表面是一文臣，但他不是一般讀書人，更不是一個只曉得讀書考試然後圖謀進取的讀書人，他喜歡讀各種「異類」的書，接觸各種不同知識。少年時他便獨自找了許多兵書來讀，沒人指點便自己研究，《年譜》說他十五歲登北京附近的居庸關，便「慨然有經略四方之志」，別人以為他只是志大疏狂罷了，而輕忽了《年譜》後面寫的：「尋諸夷種落，悉聞備禦策，逐胡兒騎射，胡人不敢犯。」他是真的實地觀察國防上的「備禦」之策的，除此之外，他還跟「胡兒」玩在一起，學習他們的騎射與布陣作戰之法。一般人晝有所思夜有所夢，孔子是「夢見周公」的，少年陽明的心中偶像好像不是孔子，他常夢見的卻是後漢時代以「馬革裹屍」有名，並平定了交趾之亂的老將馬援。夢中的馬援是不是他最景仰的人，不能確定，但以年少時所夢的對象而言，也算是非常奇特了。

陽明少年時代對正統儒家的興趣也不如對其他「二氏」（佛、道）之學的高，他一度沉迷於道士的生活境界，對道教有關養生哲學有高度興趣。他出生在傳統儒者家庭，父親又是大家豔羨的狀元郎，他周圍的人對這個有些「輕狂」的少年當然很不認同，他父親有時對他也十分不耐，《年譜》記陽明十五歲時得知當時天下不寧，北京附近有石英、王勇盜起，秦中又有石和尚、劉千斤稱亂，陽明「屢欲為書獻於朝」，也就是他始終想寫信給皇帝以獻平亂之策，被他父親知道後痛罵了一頓才停止。

在他父親的眼中，陽明有點不務正業，陽明所認可的正業，其實與他父親認可的不同。陽明的知識層面所涉比一般人廣，興趣也比一般人多，在以往的單元社會，當然處處顯得格格不入，但如給他馳騁的機會，他能有的成就也往往不是一般人所能及的了。

他經過人生的大低潮，大低潮指的是被貶謫到貴州龍場的這一件事，後來遇赦起復，但此後他在官場也並沒有真正「得意」過，他曾到滁州管過「馬政」，可見是多麼無聊的事，碰上江西的南安、贛州發生動亂，當時的兵部尚書王瓊在北京就認識了陽明，知道陽明有異人之處，但陽明本領到底如何，之前沒試過也不確知。明朝中葉之後各地大小的變亂不斷，朝廷有點窮應付的味道，久了也有點麻木了，而朝中無人也是事實，因無人可用，兵部尚書王瓊便建議中央讓他一試。想不到陽明確實有本事，不但把江西之亂平定，而且把幾十年橫行於福建、廣東、湖南的大小流寇山賊一併盡掃，中國東南邊陲，因而底定。

三、軍功與建設

陽明不只善於軍事，他對兵燹之後社會的安定尤為用力，他平定亂事之前，往往在地方推行「十家牌法」，「十家牌」是仿古代的保甲法，把十家組織為一個單位，實行連保連坐，這對於防止地方宵小串聯最有功效，據《年譜》所記：

> 其法編十家為一牌，開列各戶籍貫、姓名、年貌、行業，日輪一家，沿門按牌審察，遇生面可疑人，即行報官究理。或有隱匿，十家連坐。

實施起來果然很有功效，使得盜賊宵小無法化整為零隱藏在偏僻民間，敵我態勢明白，目標顯著，自然有利於官軍的剿撫，而且民間如組織起來，一經動員，就會發揮自保的力量。

陽明在平亂之後，會在該地立社學、舉鄉約、興書院，用教化與組織來改變原本落後的社會，這是之前所有名將都做不到的事。作戰無疑是破壞，而破壞之後須要「災後重建」，否則瘡痍之痛往往動搖地方，進而影響國本，陽明對此特有體悟，也特別用心。現在對這三件事略做說明。

第一是立社學，所謂社學是設立在農村短期或不定期的教育機構。社這個字原本指的就是土地神，中國以農立國，到處都有土地廟。土地廟往往不是大廟，沒有大廟的嚴肅性，比較有鄉土感與親和性，農忙農閒，鄉民多在此相聚，而人在此相聚，多是輕鬆又自由的，古人利用這個鄉民聚會之所來從事全民的一些教化的活動，便稱之為社學了。這裡容我插句話，我們把英語裡的 society 譯成「社會」是很好的翻譯，因「社會」一詞在中文的含義便是指農村居民在「社」（土地廟）前的聚會。《年譜》正德十三年有記：

> 四月，班師，立社學。先生謂民風不善，由於教化未明。今幸匪徒稍平，民困漸息，一應移風易俗之事，雖未能盡舉，姑且就其淺近易行者，開導訓誨。即行告諭，發南、贛所屬各縣父老子弟，互相戒勉，興立社學，延師教子，歌詩習禮。

出入街衢，官長至，俱叉手拱立。先生或贊賞訓誘之。久之，市民亦知冠服，朝夕歌聲達於委巷，雍雍然漸成禮讓之俗矣。

陽明在平定了南、贛之亂後，在各地立社學，有組織、有計畫的推展平民教育，這使得平亂不只停留在軍事階段，化民施教，使民眾知禮守法，就深深影響到一地的長治久安了。他後來在廣西一邊勦撫邊亂，一邊也立了不少社學，以推行民間教育。

至於舉鄉約，也就是集合鄉村民眾，制定並宣布民眾應遵守的生活規則，這種集合民眾公布規則的活動，非常像現在的鄉村議會。這類活動都有儀式性，都得遵守某些固定的程序，實施時很注意細節，陽明在南、贛推行鄉約，有點像讓一地民眾協商訂定一個大家都能遵守的生活公約，對後世推動的類似活動，譬如對晚近許多推動平民教育與鄉村建設的運動，都有很大的啟發與影響。《年譜》正德十二年有記：「先生自大征後，以為民雖格面，未知格心，乃舉鄉約告諭父老子弟，使相警戒。」最有名的是他為南、贛二州鄉民所訂的〈南贛鄉約〉，立該鄉約的目的，據陽明自己的說法是：

故今特為鄉約，以協和爾民，自今凡爾同約之民，皆宜孝爾父母，敬爾兄長，教訓爾子孫，和順爾鄉里，死喪相助，患難相恤，善相勸勉，惡相告戒，息訟罷爭，講信修睦，務為良善之民，共成仁厚之俗。

〈南贛鄉約〉中有規定，舉凡讀諭與盟誓，彰善、舉過，都通過莊嚴的儀式以進行。譬如每在鄉約集會之前，都會舉行一場有宗廟祭祀形式的典禮，其中說：

當會前一日，知約預於約所灑掃張具於堂，設告諭牌及香案南向。當會日，同約畢至，約贊鳴鼓三，眾皆詣香案前序立，北面跪聽約正讀告諭畢。約長合眾揚言曰：「自今以後，凡我同約之人，祗奉戒諭，齊心合德，同歸於善。若有二三其心，陽善陰惡者，神明誅殛。」眾皆曰：「若有二三其心，陽善陰惡者，神明誅殛。」皆再拜，興，以次出會所，分東西立，約正讀鄉約畢，大聲曰：「凡我同盟，務遵鄉約。」眾皆曰：「是。」乃東西交拜。興，各以次就位，少者各酌酒於長者三行……

鄉約極重長幼之序，非常重視儒家倫理的原則，有趣的是，在聚會中無論是舉善或糾過，儀式進行之中，往往穿插飲酒的動作。在前面引文中有約正讀完鄉約並盟誓之後，「少者各酌酒於長者三行」，不僅如此，在後來進行的彰善、糾過的過程，皆往往以飲酒為結束。如約長在舉某人的善行之後，〈鄉約〉如此記：

> 善者亦酌酒酬約長曰：「此豈足為善？乃勞長者過獎，某誠惶怍，敢不益加砥礪，期無負長者之教。」皆飲畢，再拜會約長，約長答拜，興，各就位，知約撤彰善之席，酒復三行，知約起，設糾過位於階下……

酒在其中的目的，在使硬性的規則變得柔性化，也讓彰善、糾過的舉措，變得更柔軟而更符合人情。陽明的目的，在為戰後的地區進行災後的重建，他認為精神生活的改良比其他更為重要。而像鄉約這樣的活動，不論制定、頒布到執行，都採公開方式進行，其中也有罰責，而罰期無罪，以成仁厚之俗為目的。鄉約的形式與意義，非常像現代的地方自治。

陽明喜歡講學，所到一處，必觀察該地書院之興廢良窳。他到一地總會推廣社學，興復書院，社學推行的是平民教育，書院推行的是精英教育，陽明認為兩者不能偏廢。

談到興書院，有的是復其舊，有的是立其新，譬如他在平定了南、贛之後，立即恢復了原有的濂溪書院；他在平定了思、田之亂後，在廣西成立了敷文書院，都挑選大儒碩德來此講學或做山長，試圖影響一地文教與風氣，而提倡文教，是為地區建立長治久安的基礎。

陽明講求文教的成就，當然跟他出身於學者的背景有關，但也並不盡然。

陽明治軍，有他特殊的方法，從政，也有他特殊的風格。譬如他知道明代的軍隊採用衛所制，長久以來已沒有了作戰的能力，他在接手之後，立法整軍經武，把散漫無章的大編制軍隊改成比較靈活的小軍，重新編伍，嚴格訓練，使之可戰。打仗要靠財政支援，他發現軍費匱乏，有時還要自籌糧餉，一般將領只有搜括地方以應急需了。但陽明不採此法，其實地方窮困，可供搜括的也不多。

他在南贛之役就發現明代稅法出了大問題，別的不談，光是鹽政就有很多漏洞。明代用鹽採公賣制，也就是一切由政府經營，當時的鹽政，是把全國畫成幾個不同的鹽區，規定鹽的買賣都得在一定區域內進行。由於是政府統一管理，當然產生了穩定鹽價的作用，而公賣制度也保證政府穩賺不賠，鹽稅是明清兩代政府的很大收益來源。但既由政府掌控，就規定得很嚴，很多地方顯得僵化。

陽明到南安、贛州之後就發現此問題很嚴重，他在正德十二年六月，有「疏通鹽法」的建議，這是因為自洪武初年就規定江西十三府均屬「淮鹽」的供應區，不准販賣鄰省廣東產的「廣鹽」，但淮鹽因路程遙遠經常供應不繼。後來某些地區准許暫時販賣廣鹽，由於不是全面開放，民間供鹽仍然發生嚴重失衡的現象，私販便猖獗起來，這使得地方往往徵收不到鹽稅，而走私又影響治安。陽明因建議政府乾脆將南、贛所轄地區，正式開放廣鹽販賣，政府可以按價抽稅，而民間用鹽可不虞匱乏。地方政府多抽的鹽稅，部分正可應付此地軍費所需，這便是他所謂得「疏通鹽法」，這些建議因為並不影響全國的稅收，而征剿叛亂確實需要大量經費，所以朝廷都照准了，可見陽明也很懂得財計。

他在弭平一地叛亂之後，還加強當地行政，讓政府管理有所。譬如他在平定廣東、閩南的動亂後在福建漳州新設了一個平和縣，移了枋頭巡檢司的轄區，又在江西南安府新設了崇義縣，以及茶寮隘上堡、鉛廠、長龍三個巡檢司，也在廣東惠州府新立了一個和平縣，這些新設與調整的地方行政區，一方是為遂行政令與便利管理的緣故，一方是讓地方民情可向上反映宣洩，以使上下互通。陽明治理一地，不求表面成績，而求長期的長治久安，這些舉措，都可以見出其含義。

這些措施，不是一般的軍事將領能做的，也不是一般政客官員想做又能做的，陽明能做到，因為他見識獨高，能察人所未察，做起事來有魄力有擔當，明確又果決，由此點看，真可謂難能又可貴。《明史》稱陽明平南贛，說「守仁所將，皆文吏及偏裨小校，平數十年巨寇，遠近驚為神」。稱陽明平思、田事謂：「守仁片言馳諭，思、田稽首。至八寨、斷藤峽賊，阻深巖絕岡，國初以來未有輕議剿者，今一舉蕩平，若拉枯朽。」可見史家對他也推崇備至。

陽明的功業，當然得拜機會所賜，假如沒有機會，他雖聖賢如孔孟，也無法完成的。但我們不妨從另一個角度來想，假如同樣的機會給了別人，是否能完成這麼大而且有「永續」性的功業呢？答案恐怕也不是那麼好下的。

四、死後的爭議

陽明死於路途，雖匆匆歸葬家鄉，但謗議紛紛，從來沒有停止。譏者指其最後不聽朝廷命令，擅離職守，也有指陽明之學「事不師古，言不稱師，欲立異以為高」，這些言論，使得皇帝親令追奪陽明已受之新建伯爵位，又詔令陽明之學為「偽學」。雖經陽明之學生、後學如黃綰與周延等多人奔走，上疏力爭但多不報。直到隆慶改元，才重新詔贈陽明為新建伯，並追謚「文成」，但距離陽明之死，已過了整整三十八年了。

陽明自中年後就主張「知行合一」，良知不是空洞的存在，良知是在行事中貫徹實現的，知、行原不可分，我們應將他在政治軍事上的成就當成他思想學術的一環，彼此相輔相成，要不分軒輊來看。

此處，我想對陽明的事功部分稍做評論。前面說過陽明建立事功，雖然是有機會的因素，要是沒有這幾個亂事發生，便沒有平亂的機會，他的功業便無從建立，所以說有機會不可少，這是「遇」與「不遇」的問題。古人論及「遇」與「不遇」，往往是從臣與君的關係上言，碰上賢君，賞識我的才學，讓我得以馳騁，便是「遇」了；不得明君，或「不才明主棄」，便是「不遇」，假使是這種不遇，聖賢如孔孟，也只有終身鬱鬱。

用這看法來看陽明，有些合有些並不合。陽明的一生，不但沒有明君之遇，而且碰到的武宗是一個舉世罕見的昏君，自己不明是非，又任手下宦官胡作非為，陽明還因為辯朝廷冤案被廷杖，遠貶貴州龍場，旅途幾死，很少有人遭遇比他更壞的。後來，他因兵部尚書王瓊薦被派到南、贛平亂，但起因是朝中無人，要他去是姑且一試的味道，想不到陽明出手，只用了一年多的時間，就把蔓延江南四省近百年的地方患難都解決了，這地區的問題自太祖洪武之後就屢屢呈現，朝廷上下對之一片束手。陽明只是一尋常文職官員，卻能事前事後，將之處理得頭頭是道，所有的困局都一一解除，滿朝文武官吏，解決問題的為何獨是陽明而非別人？可見絕不只是有機會的緣故。

另外，陽明平宸濠之亂，也是事出偶然，他軍力單薄，起兵倉促，但他運用心戰、奇襲、以寡擊眾的方式作戰，不管調度布局，他都遠勝過擁有大軍與資源的宸濠，不論陸戰水戰均連克敵軍，最後竟生擒元凶宸濠，弄到皇帝都要跟他爭功。可見亂事發是偶然，而平定亂事成絕非偶然。

在南、贛之前，陽明並沒有任何實際軍事上的閱歷，他熱衷軍事（或說是傳統的「韜略」知識）來自天性，他之前所有的軍事經驗僅止於閱讀與幻想，但一但要他主持軍務，他也能從容不迫，可見他確實有很特殊的人格涵養。他計謀連連，連敗寇盜，在上達數十場之戰役中，擒獲敵眾上萬人，可見他極精於韜略。他善於心理作戰，對敵人常恩勦互用，以求勝果，作戰無法避免殺戮，然而除對盜賊首領之外，陽明事後處決人犯甚少，大部分的賊眾都自願投誠，在妥善招撫下，讓賊寇安順歸田，成為地方良民。而且陽明每到一地，都有新的施政、新的規畫，譬如他初到南、贛，為使軍隊可用，將軍隊重新編伍。但他又擔心變動過大，倉促之間軍隊無法適應，因此他並不破壞整體的衛所制度，而是在既有的制度之下，做特殊的興革，使得原來不堪使用的軍隊，稍加整頓調適，便具有了新的活力，不但能夠作戰，而且連戰皆捷。

宸濠之亂，他匆促接命，手邊幾無正規可戰之兵，只有臨時抽調散居各地的零星兵勇。他在極短時間內，要選兵擇將，將原本散沙凝聚成一股可用力量，跟南、贛不同的是，這些兵勇是要立即上戰場的，沒有任何訓練調適的機會，他能在極短的時間，將籌備多年、擁有大軍的宸濠打得潰不成形，自己卻一直保持氣定神閒，事如無事，可見長期蘊藏胸中的涵養與謀略，並非空想，確實有用。

陽明給朝廷的疏奏，都寫得真確又動人，一般而言，明朝行政效率不高，但有關征勦的事，只要是他奏請，大多得到朝廷立即的應允，速度之快，以一般明朝行政的效率而言可謂驚人，這一方面可看出中央亟思地方平治，另一方面也可看出陽明曾深受朝廷尤其是兵部的信任。陽明所處時代，前面的武宗是昏君，後面的世宗雖沒那麼差，但也絕不是聖世的明君，不論如何，朝廷還是有不少精明幹練之士，陽明受知於他們，勞出於自己，建功之後盡量把功推給別人，俾得人和。在朝廷，一直有詆毀他的勢力，但確也有支持他的力量，在極重要關鍵的時刻，支持的力量常能統合而發揮了作用。譬如建議派陽明去平思、田之亂的，朝廷由桂萼等力主，桂萼是陽明生前批評他最嚴的人物，也是死後彈劾他最力的大官，這時卻強力推薦陽明，恐怕不全基於陰謀，而是心中深知陽明確實有平定亂的長才。這中間關係一定是錯綜複雜的，但就算政治上的敵人，也對陽明的才幹有起碼的尊重。

陽明除了軍功，在治理地方，亦同步有所貢獻，所以陽明的成就，還不能僅從軍事一事來論定，假如有更好的機會，陽明更可以之「治國」、「平天下」，似可斷言。就以上而言，陽明在功業上的成就雖也有「遇」與「不遇」的問題，但陽明的「遇」與「不遇」與他人的明顯不同，他本質的性格與才幹，使得原來可能的「不遇」變成了順利的

「遇」了，這點必須點明。

陽明還有一個特性，他很喜歡學生，對學生的問難一一作答，總沉得下，耐得住；而對官場，他卻往往耐不住性子，要說缺點的話，這是他性格上的缺點。譬如他擒獲宸濠後，皇帝周圍的人命他不要張揚，要他把宸濠放回鄱陽湖讓皇帝演一齣捕獲元凶的鬧劇，陽明不耐，也懶得跟他們玩，匆匆把俘虜交給另一宦官張永，就稱病離開了。後來征思、田，他也在得勝後沒得朝廷應准之下離職，當時有人便以陽明「擅離職守」責之。以官守而言，陽明在這些事務上確實有點輕浮任性，這樣處置是不宜的，這是緣於他太有自己的性情，勇於自信，對官場規則與文化總是輕視之故。

陽明即知即行，常說「知而不行，只是未知。」又說：「知行如何分得開？」「知行合一」是陽明哲學中的重要支柱。所謂「知行合一」除了指「即知即行」之外，還應指良知必須在實踐中印證。而「知行合一」的知，因為有實踐的含義，它如指的是知識，便是指可以實踐的知識，並不蹈空，也不虛無。陽明所有的知識都可用於實際，他屢平亂事，集軍功、事功於一身，又到處施教，平生講學不停。明清之際，學者批評「王學」，認為陽明之學「束書不觀，游談無根」，甚至有的更作偏激之言，謂明之覆亡，為王學太過發達所致。明末東林書院有名學者高攀龍說過：

姚江之敝，始也掃聞見以明心耳，究且任心而廢學，於是乎詩書禮樂清而士鮮實悟。始也掃善惡以空念耳，就且任空而廢行，於是明節忠義清而鮮實修。

類似的批評，在明末清初隨處可見，其立意與舉證不能說全錯，但對陽明而言，確實也有不盡公平之處。上述高攀龍的說法，是針對明末學術界的某些奇怪的現象而說的，他們將那種怪現象歸罪於陽明提倡心學，稍晚於高攀龍的，有顧炎武、王夫之等的學者，他們身處明亡的變局中，對陽明的批評，就更為嚴厲而不稍寬貸了。

如僅以高攀龍上面說的為例，他說陽明之學是「始也掃善惡以空念耳，就且任空而廢行」，我們可以陽明一生的事功與他主張的「知行合一」論揆之，看看說得公平否？陽明在不長的一生中，做了那麼多「外王」且有成的事業，而主張要致良知，起心動念莫不切合「內聖」的作用，這樣的人、這樣的主張，怎會是「掃善惡以『空念』」，又怎麼會是「任空而『廢行』」呢？可見有些學者好發議論，卻常昧於成見，未必全是公允的，而這些意見也未必點出了事實的真相。

第五講

一、陽明對朱子格物說的體驗
二、「格竹子」的故事
三、致知與致良知
四、知行合一

一、陽明對朱子格物說的體驗

這一講開始講陽明學的內涵。

很多人都知道，陽明學的核心，是在討論「良知」的問題。所謂良知，其實是指天生本然，不待學而有的智慧與能力，語出《孟子．盡心上》。孟子說：「人之所不學而能者，其良能也。所不慮而知者，其良知也。」孟子以為人類善的道德，都是從良知、良能發展出來，他舉例說：「孩提之童，無不知愛其親也，及其長也，無不知敬其兄也，親親仁也，敬長義也，無他，達之天下也。」意即當人生下來，就知道愛他父母親，這叫作「親親」，親親就是仁的基本；小孩後來越發長大，知道親親之後還會友愛兄弟，這友愛兄弟的行為叫義；不斷推廣，終至這個人後來能成為泛愛眾而道德很好的賢人，或道德極高的聖人，不論成聖或成賢，都是由這個最基本的良知、良能發展出來的結果，這便是孟子所謂的「達之天下也」。

所謂「良知」，也可稱之為「良心」，指的是上天給我們基本的辨識世上一切的力量，讓最沒有經驗的孩童也具有喜善惡惡的能力，這理論最早由孟子提出，是用來證明他的性善說的，但後來哲學的討論只停留在性善、性惡之上，良知之說就沒有太多人提起，久之也被忘了，直到陽明又再度提出這個名詞，成為陽明學說最主要的部分。

因為孟子在舉例中言及「孩提之童」，陽明之後不久，李贄（卓吾，1527-1602）曾以「童心」來取代這個名詞，他說：「夫童心者，絕假純真，最初一念之本心也。」又說：「童子者，人之初也；童心者，心之初也。」李贄解釋童心，說它是人最早的初心，是「絕假純真」的，這與孟子及陽明說的「良知」並無不同。孟子為良知、良能下了個定義，就是這良知、良能是「不學」、「不慮」而天生具有的，不學就是不經學習，不慮就是不經思考。陽明在《傳習錄》中所也說：

> 知是心之本體，心自然會知。見父母自然知孝，見兄自然知弟，見孺子入井自然知惻隱，此便是良知不假外求。

所謂良知，正如陽明說的，是「不假外求」，是一種不假思考的直覺式的反應，一經學習或用學術方式思考，就陷入到一種學問的窠臼之中，表面看起來理論嚴整，但對良知而言，反而造成了傷害。所以良知不是知識，也不是學問，學習與思考之下所得的良知，絕對不是真的，也不是全的。

可以舉藝術欣賞為例。義大利哲學家克羅齊（也譯克羅采，Benedetto Croce,1866-1952）就主張藝術欣賞要肯定「直覺」，不惜要排除知識，這點跟陽明的「良知不假外求」很像。小孩看到美麗的事物自然會驚嘆，有時會忘情的手舞足蹈，這種表現就是直覺。這種直覺，是不必通過知識訓練得來的，而這種直覺，是欣賞一切藝術的基本。孟子與陽明所提的良知，非常接近藝術欣賞論上所倡的「直覺說」。

陽明被貶謫到貴州龍場驛，路上遇到許多驚險的事，他有〈雜詩〉三首，之一曰：「危棧斷我前，猛虎尾我後；倒崖落我左，絕壑臨我右」，所寫可能是確實的狀況。到龍場後，生活困頓險巇，更不在話下，在有形的生活與無形的心理壓力下，處處窒礙，幾乎不能度過，他在不斷掙扎與反省之下，發現了長久以來不得其真解的格物致知的真相，而這層層的困頓在他心中盤據得已太久了，想不到終於得到解脫。據《明儒學案》上說：「忽悟格物致知之旨，聖人之道，吾性自足，不假外求。」表面上說忽悟格物致知之旨，其實所謂「聖人之旨，吾性自足，不假外求」，指的便是良知，良知早在我心中，早已存在，無須到外頭去追求，所以最早的良知說只單說良知，不說「致良知」，「致良知」三字，要到他平宸濠亂時在江西才提出。

陽明為什麼標舉這個良知的說法呢？用這說法解釋聖人或聖學，是與程、朱的方法不同。大致說來，程、朱的求聖之法是通過學習逐步實現的，這跟陽明標舉「心的發現」是不同的，認為聖人早在我心，求聖之法當向自己心內求，在方法上言，當然差異是很大的。

陽明早年也跟一般讀書人一樣，是先從朱子的注本來學習儒家經典的，前面說過，朱子的《四書章句集注》是當時所有人讀書的根本，也是朝廷考試題目的來源，更是答題的唯一標準，陽明科舉出身，哪會不讀朱子的書呢？朱子除了《四書》之外，還有《詩集傳》、《易本義》等重要的著作，嚴格說來，朱子是個人人欽服的經學大家，也是個偉大的理學家（照顧炎武的說法是：「古之理學經學也」），朱子畢生著作不輟，他的學問，是累積了北宋以來很多著名大儒的整體成就，也可說是集南宋之前儒學之大成者。

陽明少年時的性格有點「不羈」，也就是崇尚自由，不喜格套。他雖出身儒學家庭，早年並不特別在儒家學問上用功，他喜歡兵法，也喜歡道教，對佛教也很好奇。他對儒家之學第一次覺得「有感」，是十八歲時從江西南昌攜新婦回浙時，舟至廣信，拜訪了當時的大儒婁諒，婁諒是明代另一大儒吳與弼（康齋，1391-1469）的弟子，吳與弼的學問其實是主繼承北宋諸儒及朱子的，算是朱子學一脈的正宗，代表吳與弼的「崇仁學案」在《明儒學案》中排序第一，可見黃宗羲也認為吳在明代學術上的重要性。其實吳的重要並不在他在思想有什麼太大的開創，比起朱子，他的格局要小了一些，吳的重要是他有像婁諒與陳獻章（白沙，1428-1500）這樣的弟子，是他們這幾個人集合起來，開創了明代學術的一部分格局，二者之間，陳獻章尤其重要。

當時婁諒跟陽明談的是宋儒之學，說：「聖人必可學而至。」強調的是學，並不是悟。其實「學」是朱子之學最重視的，也算是儒門的真傳，因為《論語》首章就是「學而時習之」，孔子也說過自己「好學」，又說過：「默而識之，學而不厭，誨人不倦，何有於我哉。」所以說「學」是儒學的發端，是沒人可否定的，但「學」是不是儒學的究竟呢？可討論地方就多了。陽明受婁諒的啟發，便開始對儒家性命之學發生了興趣，也開始認真讀宋儒討論此類話題的書了。孝宗弘治五年，陽明二十一歲，他考上了浙江鄉試，第二年他到北京參加會試不第，在這期間，他認真學習宋儒的格物之學，《年譜》說他「遍求考亭遺書讀之」，考亭就是朱子。《年譜》接著又說：「一日思先儒謂『眾物必有表裡精粗，一草一木，皆涵至理』，官署中多竹，及取竹格之；沉思其理不得，遂遇疾。」這是有名的陽明「格竹子」的故事。

近人有以為陽明二十一歲時正陪父在鄉居祖父之喪，不可能到北京父官署格竹子，認為故格竹事應在壬子己酉年（1489）陽明十八歲之前（見陳來《有無之境》）。當然也有可能，但我認為此說法可推翻《年譜》之證據不夠充足，因陽明在二十一歲當年曾參加浙江鄉試並中舉，並積極準備到北京參加明年春闈（會試），可證居喪之制在父子為嚴，祖孫則較為寬鬆，陽明既可參加科考，行動自由，自也可赴北京處理事務，故陽明於此時格竹子亦非絕無可能。

二、「格竹子」的故事

《年譜》所載格竹子事不全，其實在《傳習錄》中有段記錄較詳細，裡面說：

先生曰：「眾人只說格物要依晦翁，何曾把他的說去用？我著實曾用來。初年與錢友同論做聖賢，要格天下之物，如今安得這等大的力量？因指亭前竹子，令去格看。錢子早夜去窮格竹子的道理，竭其心思，至於三日，便勞神成疾。當初說他這是精力不足，某因自去窮格。早夜不得其理，到七日，亦以勞思致疾。遂相與嘆聖賢是做不得的，無他大力量去格物了。及在夷中三年，頗見得此意思，乃知天下之物本無可格者。其格物之功，只在身心上做，決然以聖人為人人可到，便自有擔當了。這裡意思，卻要說與諸公知道。」

原來陽明與友人格竹子，是想實驗朱子的格物之法，因為朱子在《四書集注》中曾以程子（程顥、程頤）之意補「格物」一章，說：

所謂致知在格物者，言欲致吾之知，在即物而窮其理也。蓋人心之靈，莫不有知，天下之物，莫不有理，惟於理有未窮，故其知有不盡也。是以大學始教，必使學者即凡天下之物，莫不因其已知之理而益窮之，以求至乎其極。至於用力之久，而一旦豁然貫通焉，則眾物之表裏精粗無不到，而吾心之全體大用無不明矣。此謂物格，此謂知之至也。

這原是解釋「大學八目」格物一目所作的說明，所謂「大學八目」即指《大學》書裡的八項彼此相連的德目，就是格物—致知—誠意—正心—修身—齊家—治國—平天下。每目都有一段簡明的文字作解釋，這叫作「傳」，但等朱子注《四書》時，這八目的傳就缺了格物這一目，所以朱子引用程子的意思而做了這段〈格物補傳〉。

我們要注意，「大學八目」中「格物」、「致知」之後的六目，都是在談人如何修身，以至於後來能治國、平天下的事，基本上是在討論儒家「內聖外王」之道，都是道德方面由小而大，由內而外的推己及人以及天下之學。但前面的兩目「格物」、「致知」，看起來就與後面推己及人之學無關了，依朱子所寫的〈格物補傳〉看，似乎指的是求知的問題，不與道德修身有太大的關係，從朱子的解釋看，這知識與道德分明是兩回事。但由格、致之後緊接著誠、正、修、齊來看，如從八目是「一貫之道」來解釋，這是不是表示道德是起源是知識，或至少與知識有關呢？因為《大學》本身就說：「物有本末，事有終始，知所先後，則近道矣。」

而且即如朱子說的：「是以大學始教，必使學者即凡天下之物，莫不因其已知之理而益窮之，以求至乎其極。」其中說的「必使」是很嚴格的限定，這「必」是限制詞，說了必使，便沒有討論要或不要的餘地了。而「即凡天下之物」也有問題，如果說「即物」就是研究事物的話，那「即凡天下之物」是指天下所有的「物」都是我要研究的了，人生有限，如何能「即凡天下之物」呢？就算可能，能把所有的物理都窮盡了，因而得到了一種新的知識，而這種知識與後面的誠意、正心又有何關係呢？朱子沒有交代清楚，其實也很難交代清楚。

朱子又說「至於用力之久，而一旦豁然貫通焉」，這話又有些神祕主義的傾向，多久才算是「用力之久」了呢？還有是否用力到一個算久的程度之後，就必然能如朱子所說的「豁然貫通」呢?尤其是指這種豁然貫通要達到所謂的「眾物之表裏精粗無不到,而吾心之全體大用無不明」的地步,是偶然或必然呢?「無不到」、「無不明」又是哪一種景象?這些問題都太大又太玄了,又充滿了不確定性,是非常難解釋的。

陽明與朋友用這方式「格物」有點好笑,但你也不能指責太過,朱子要人「即凡天下之物」,竹子也算「天下之物」其一,你能說格竹子不是格物嗎?所以陽明與他的朋友並不算錯。但要由觀察竹子以對人生的全體產生新的認識,從而對人得道德涵養產生作用,就是一種牽強的推論了,照這方式做,是一定得不出結果的,所以他們馬上就陷入困境了,他朋友與他都因而先後生起病來。

老實說,陽明與他的朋友用這方式來格物,而且推說是來自朱子的格物說,基本是弄錯了。朱子的「即物而窮其理」,依施邦曜(1585-1644)的說法是:「其所謂物理者,原是性命身心之理,非泛濫無窮之理也。」施說朱的「物理」是「性命身心之理」,後之學者,均失朱子本意,便落於支離,但朱子之「物理」究竟是不是施所說的即性命身心之理,也須存疑,何況「性命身心之理」如不是這個求法,又該如何的「窮」之,朱子也沒有說明。

先說怎麼叫支離,就是用枝葉解釋主幹,把重點轉移了,最後就走錯了路。現在我們討論知識與道德的問題，兩個其實不相干，但偶爾會產生一些相干的現象，譬如天體物理與人的道德無關，但一個對天體物理學有認識的人，必知道宇宙之大與我們個體之小。等到一個人真能體會自己渺小，便知道在世上有很多事是不可爭也無須爭的，因而放淡放輕了名利心、爭奪心，這種認識雖不出自道德，卻可能跟道德產生了一些關聯。但這中間的關聯不是必然，而是偶然，所以以在其間是不能畫一等號的。舉例而言，世上也可能有利慾熏心的天體物理學家，也有是非天體物理學家卻是很有道德操守的人，所以知識影響道德這個推論，不見得能夠確然成立。

施邦曜批評反朱子的人支離，其實朱子本身的主張也不是那麼「統一」，有些時候，也確實不免有支離之譏的。就以朱子的形上學而論，他也是綜合了北宋幾個大儒的見解，大致上他以周敦頤的《太極圖說》為骨幹，又採用了邵雍所講的數，張載所說的氣，及程顥、程頤兄弟所說形上形下與理氣之分，融合而說之，根基很龐雜，強說成一體，當然也顯示出了一些矛盾的地方，而這只是形上學、本體論的部分，後面牽涉到的功夫論就更個個不同了。再加上他們有時把自然科學的現象，混上了道德哲學的感悟，把原本無關的事說成有關，所涉的事務又太多太雜，而那些又全不是他們能解決的，要求把這個說明說得「一貫」化，就更為困難了。

要解決此糾葛是不容易的，這叫治絲益棼，要是繞在裡頭是總也走不出去的，格竹子是一個例子。以明理為究竟，就算格盡了竹子的理還是不足的，而你所知盡竹子的道理是科學上面的或是美學上面的，也是要有所區別，就算你都能掌握，還有其他事物要你去「格」的，因為竹子的知識只是知識的一部分，不是知識的終結，這目的茫然的探索，就叫做「支離」，一陷入支離，就會永遠紛亂的沒個止境了。黃宗羲寫陽明，說：「先生……繼而徧讀考亭之書，循序格物，顧物理吾心終判為二，無所得入」，所寫的就是這個經驗，用這方法當然「入」不了。處理這種困頓最好的方法是跳出去，不受此紛擾的羈絆。陽明後來也確實做了，但是這次徹底的覺悟來得較晚，是他在龍場驛三年「居夷處困」之後的事了。

《傳習錄》有段他弟子黃以方記錄的陽明的話，談到《大學》裡面格物、致知的問題，陽明說：

> 工夫到誠意，始有著落處，然誠意之本，又在於致知也。所謂「人雖不知，而己所獨知」者，此正是吾心良知處。然知得善，卻不依這個良知便去做，知得不善，卻不依這個良知便不去做，則這個良知便被遮蔽了，是不能致知了。吾心良知既

不能擴充到底，則善雖知好，不能著實好了，惡雖知惡，不能著實惡了，如何得意誠？故致知者，意誠之本也。然亦不是懸空的致知，製知在實事上格。如意在於為善，便就這件事上去為，意在於去惡，便就這件事上去不為；去惡固是格不正以歸於正，為善則不善正了，亦是格不正以歸於正也。如此，則吾心良知無私欲蔽了，得以致其極，而意之所發，好善、去惡，無有不誠矣。誠意工夫實下手處在格物也。若如此格物，人人便做得；「人皆可以為堯、舜」，正在此也。

這段話極為重要，陽明發現《大學》的格物、致知不能照朱子講的，朱子講的致知應該是指求一般的知識，包括自然的知識，而朱子又認為就是求得自然知識，也會對德行修養發生作用，陽明認為朱子錯了，他自己年輕時也錯了，才會發生竹子沒格成而生病的笑話。

三、致知與致良知

陽明後來發現，《大學》的格物致知不是指求一般的知識，而是「一貫」的求德行的合一，如果把「致知」解釋成「致良知」，便可以與後面的誠意、正心打成了一片了。他又認為致知前的「格物」要當成在所有事物上求「歸之以正」的道理，他在〈大學問〉一文中說：「格者，正也，正其不正以歸之正也。」又說：「物者，事也。」本來物這字不該解釋成一般的「物」，而應解釋為從事的「事物」解，古文往往把物當成事來解釋的，格物不是要你去「即凡天下之物」，而是要你在事事物物上「好善去惡」的磨煉自己，以求已失的良知在胸中再度湧現，因為陽明認為「明德之本體，即所謂良知」。這樣的格物致知才是聖人垂訓的本意，這是陽明在居夷處困之後所得的一點心得，這樣解釋格物，又與陽明主張的「知行合一」結合了，行成他哲學的重要基礎。

陽明的這個解釋比起朱子的當然更「合理」些，如果《大學》中的「知」是指良知的意思，則「致知」便是陽明說的「致良知」了。「良知」一詞前面說過是從《孟子》來的，孟子所謂的良能與良知是「不學」又「不慮」的，求得良知只要回歸本源，無需求助於知識，知識有時是我們致良知的障礙而非幫助。這點李贄在〈童心說〉中說得更明白，他說：「童心者，心之初也，夫心之初曷可失也？然童心胡然而遽失也？蓋方其始也，有聞見從耳目而入，而以為主於其內而童心失。其長也有道理從聞見而入，而以為主於其內而童心失。其久也，道理聞見日以益多，則所知所覺日以益廣，於是焉，有知名之可好也，而欲以揚之而童心失；知不美之名可醜也，而欲以掩之而童心失。夫道理聞見，皆自多讀書識義理而來也。」所以孟子所說的不學又不慮，反而使得良能良知與我的人格之間沒有間隔，沒有間隔，才能成其「大」，因為「大學」就是大人之學，《大學》這書就是為大人立言的一本書。

陽明在平定宸濠之亂後有一長段時間丁憂鄉居，此時他有〈次謙之韻〉詩，詩曰：

珍重江船冒暑行，一宵心話更分明。
須從根本求生死，莫向支流辯濁清。
久奈世儒橫臆說，競搜物理外人情。

良知底用安排得？此物由來最渾成。

謙之即陽明大弟子鄒守益。此詩最能解釋陽明以渾成的良知說，試圖破除朱學支離之病的動機。

陽明特別喜歡講「以天地萬物為一體」這句話，他認為這也是《大學》這本書真正立意之所在。「八目」是一體之學，也是一貫之學。這一體或一貫，又推展到人與我毫無間隔，世界即我，我即世界，一體大公，毫無軒輊之分，這個說法與南宋的陸象山說得很接近。陸象山曾說：「宇宙內事，乃己分內事；己分內事，乃宇宙內事。」把個人直接接到宇宙，胸襟之大、氣魄之雄，真是史上少有。陽明說：「大學者，以天地萬物為一體者也。其視天下猶一家，中國猶一人焉，……非意之也，其心之仁本若是，其與天地萬物而為一也。」

持這種觀點的人，內心都有打破一切藩籬的動力在的。這個說法又與他的良知說相呼應，良知是不學又不慮的，經過學與慮的所得，正如李贄說的，叫作「聞見之知」，也就是前引詩「競搜物理外人情」所得的知，算不得是真正的良知，用象山或陽明的方式來思考，一個沒有「聞見之知」的人，也就是一個沒有受過知識訓練的人，反而更有直接面對良知真相的可能。

這個說法有相當的「破壞」力的，有此想法必然對傳統的價值標準產生高度的懷疑，但也有一個積極的成就，就是這個想法，對一些沒機會受傳統教育的人，一些不受傳統觀念庇蔭的人，產生了極大的鼓舞作用，認為極尋常的一個人，也可參與以往不得參與的知識活動，抬頭挺胸的肯定自己的價值。任何一個人都可以說出自己的想法，原來只敢放在心上，自以為是極卑微的、毫無意義的，而陽明說：「其心之仁本若是，其與天地萬物而為一也」，這句話讓他們體會，再卑微的存在也是存在，因此他們的生活不再黯淡，很多地方，自己可更「理直氣壯」了一些。在黯淡的時代，陽明學後來有風起雲湧之勢，跟這個觀點有關的，我們以後會再談它，現在先再談點良知有關的問題。

基礎的判準點在心，而不在理，理是聖賢作主，心是我作主。聖賢當然重要，但聖賢如不在我心則聖賢永遠是個外人，聖賢的訓誡只是個外物，與我無涉無關。所以陽明的哲學強調一個人內心的重要，《傳習錄》有段：

先生遊南鎮，一友指岩中花樹問曰：「天下無心外之物，如此花樹，在深山中自開自落，於我心亦何相關？」先生曰：「你未看此花時，此花與汝心同歸於寂，你來看此花時，則此花顏色一時明白起來。便知此花不在你心外。」

「你未看此花時，此花與汝心同歸於寂」，「同歸於寂」指彼此無涉，無任何作用，如無任何作用，就談不上意義。當「你來看此花時，則此花顏色一時明白起來」，「一時明白起來」指我明白了花是什麼樣子什麼顏色的，這是因為我與花產生的關聯，也產生的意義，有了意義，美感與道德才因而存在。這個說法與佛教的三界唯心有關，但目的不同，佛教求的是我心寂滅而萬緣俱毀，美醜善惡也不存在了，而陽明是肯定良知的善的，顯然是有異的。

不僅如此，陽明認為所有人間的善，因良知的存在而存在，所以良知不只是個人的準則，也是所有事物善的基礎，他說：

良知是造化的精靈。這些精靈，生天生地，成鬼成帝，皆從此出，真是與物無對。人若復得他完完全全，無少虧欠，自不覺手舞足蹈，不知天地間更有何樂可代。

所以照陽明的說法，所謂聖賢，其實就是照本人的良知去誠誠實實、原原本本的「好善、去惡」就成了，不需假借知識，更無需攀緣外物，到了極致，則人可以為堯、舜。所謂「好善、去惡」是指一切順良知去做為，陽明既認為明德之本體即良知，但良知如未能充分展現，那便是受到「私欲所隔」的影響。因此，陽明又說：

是故苟無私慾之蔽，則雖小人之心，而其一體之仁猶大人也；一有私慾之蔽，則雖大人之心，而其分隔隘陋猶小人矣。故夫為大人之學者，亦惟去其私慾之蔽，以自明其明德，復其天地萬物一體之本然而已耳。非能於本體之外，而有所增益之也。

除去私欲，以見天理，天理在心，便是良知。見天理，在《大學》，便是「致知」，在陽明來說，這就是「致良知」。陽明將《大學》裡格、致與誠、正的間隔打破消除了，《大學》八目因而成為了一個整體。

良知是每人都有的，不需到外面去「求」它，所以致良知中裡的「致」，便是「恢復」之意，就是《大學》所說的「明明德」了。陽明認為一人恢復心中的天理，便是明明德，而明明德三字，第一個明字是動詞，是恢復的意思，第二個明字是形容詞，是用來修飾德的。到原本在心的天理掃除了「私欲所隔」而告恢復之後，也就是做到了「明明德」，天地一體之本然便充分在我心中顯現，這即陽明所說的「堯舜之正傳」，又是「孔氏之心印」。我們可以再舉一個例子來說明。在《傳習錄》中有段陸澄與陽明的問答，其中說：

澄問：「澄於中字之義尚未明。」

曰：「此須自心體認出來，非語言所能喻，中只是天理。」

曰：「何者為天理？」

曰：「去得人欲，便識天理。」

曰：「天理何以謂之中？」

曰：「無所偏倚。」

曰：「無所偏倚是何等氣象？」

曰：「如明鏡然，全體瑩徹，略無纖塵染者。」

曰：「偏倚是有所染者，如著在好色、好利、好名等項上，方見得偏倚，若未發時，美色名利皆未相著，何以便知其有所偏倚？」

曰：「雖未相著，然平日好色、好利、好名之心原未嘗無。既未嘗無，即謂之有。既謂之有，則亦不可謂無偏倚。譬之病瘧之人，雖有時不發，而病根原不曾除，則亦不得謂之無病之人矣。須是平日好色、好利、好名等項一應私心，掃除蕩滌，無復纖毫留滯，而此心全體廓然，純是天理，方可謂之『喜怒哀樂未發之中』，方是天下之大本。」

人本有良知，但有些人的良知被蒙蔽了，學者要設法去掉蒙蔽，重新找回良知，這便是「致良知」，文中所說的「須是平日好色好利好名等項一應私心，掃除蕩滌，無復纖毫留滯，而此心全體廓然，純是天理，方可謂之喜怒哀樂未發之中，方是天下之大本」便是致良知了。有一次陽明為弟子黃綰解釋聖學之要說：

聖人之心如明鏡，纖翳自無所容，自不消磨刮。若常人之心如斑垢駁蝕之鏡，須痛刮磨一番，盡去駁蝕，然後纖塵即見，才拂便去，亦不消費力，到此已是識得仁體矣。若駁蝕未去，其間固有一點明處，塵埃之落，固亦見得才拂便去。至於堆積於駁蝕之上，終弗之能見也。此學利困勉之所由異，幸勿以為難而疑之。

我們在以上所引的兩段文字裡，很明顯看到了一些近乎佛教尤其是禪宗的用語，如「如明鏡然，全體瑩徹，略無纖塵染者」，又如「若駁蝕未去，其間固有一點明處，塵埃之落，固亦見得才拂便去」，都用了《六祖壇經》中「明鏡」、「塵埃」之喻，這證明陽明的心學與佛教的某些主張有相同至少相近之處，至少在用語上，這點是不可諱言的。陽明早年曾對道教、佛教發生興趣，其思考受到影響，是很正常的事，但陽明學絕不等於佛學，因為良知學的目的還是聖賢，還是在做「人倫世用」的世間事，絕不鼓勵逃禪，更從不主張虛無，這點陽明辨之甚明。《傳習錄》有條：

先生嘗言：「佛氏不著相，其實著了相。吾儒著相，其實不著相。」請問。

曰：「佛怕父子累，卻逃了父子；怕君臣累，卻逃了君臣；怕夫婦累，卻逃了夫婦；都是為個君臣、父子、夫婦著了相，便須逃避。如吾儒有個父子，還他以仁；有個君臣，還他以義；有個夫婦，還他以別；何曾著父子、君臣、夫婦的相？」

指出佛教雖標舉不著相，其實著相，儒家看似著相，其實並不著相，可見陽明良知心學，雖不忌使用佛家語彙，而其實是於佛教相距甚遠的，此處不得不辨。陽明又說：

吾儒養心，未嘗離卻事物，只順其天則自然，就是功夫。釋氏卻要盡絕事物，把心看作幻相，漸入虛寂去了。與世間若無些子交涉，所以不可治天下。

「把心看作幻相」是從佛教《金剛經》而來。《金剛經》上說：「一切有為法，如夢幻泡影，如露亦如電，應作如是觀。」陽明的這段話更把儒與佛的根本處點了出來，說明與佛教的究竟不同，這證明陽明良知學自與佛家理論無關。陽明在正德十年，曾寫了篇洋洋灑灑的長文叫〈諫迎佛疏〉，阻止武宗遣使外人，遠迎佛教。這篇疏文後來因故沒有上成，但充分表現了陽明對佛教的立場，在其間他說：

臣亦切嘗學佛，最所尊信，自謂悟得其蘊奧。後乃窺見聖道之大，始遂棄置其說。

把自己學佛棄佛的心路歷程寫出來了。依照陽明的說法，良知明覺，可以分辨一切是非，因為良知明覺，所以良知等於天理，致良知不是在外面求天理，而是朝我們內心去追求。在說明良知與心的活動與功用時，後來的人不得不用了點佛教的術語，但與佛教是無關的。當我們體認我們的良知即天理之後，一切照良知的指引走過去，便是「知行合一」了，所謂「知行合一」便是即知即行。關於這方面，後面還要細講。

四、知行合一

陽明的良知之學，因講「知行合一」，既是良知，便不能與善行分開來看。講到這裡，容我先岔開一下，朱子當年知南康軍時，曾主持過當地的白鹿洞書院。他為白鹿洞書院定了一個有名的《學規》（後來幾乎成為中國所有書院的學規，有點像現在各學校把「禮、義、廉、恥」當成共同校訓一樣），《學規》把《中庸》裡的「博學、審問、慎思、明辨、篤行」五德放進去了。朱子解釋道：

而其所以學之之序，亦有五焉，其別如左：

博學之，審問之，慎思之，明辨之，篤行之。

右為學之序。學、問、思、辨四者，所以窮理也。

若夫篤行之事，則自修身以至於處事、接物，亦各有要，其別如左：

言忠信，行篤敬，懲忿窒欲，遷善改過。

右修身之要。

正其誼，不謀其利；明其道，不計其功。

右處事之要。

己所不欲，勿施於人。行有不得，反求諸己。

右接物之要。

由朱子所訂的《學規》看，朱子是把學、問、思、辨與後面的篤行是分開來看的，動機也許是為了分析方便而說，但如果將「博學、審問、慎思、明辨」當成為學（求知）之序，而與「篤行」分別看待，是很有問題的。單就「博學」這件事來說，豈不也包括許多「篤行」的成分在其中？閱讀或求師問道，都是有許多「行為」在其間的，而在「篤行」上面，也包括了許多知識，譬如一件事該如何做，不同做法有何利弊等，都牽涉到「知」的問題，可見知與行不能強分的。陽明認為《中庸》上所說的博學、審問、慎思、明辨、篤行，表面看是五件事，其實不能分開，五件事是一件事。任何「知」不包括「行」，則等於不知，而人之「行」如無「知」的話，則所謂的行，只是肢體投射、反應作用罷了，毫無意義可言。有一次，他的大弟子徐愛問他有關這類事，陽明為之詳加解釋，《傳習錄》記道：

愛曰：「如今人盡有知得父當孝、兄當弟者，卻不能孝、不能弟，便是知與行分明是兩件。」

先生曰：「此已被私欲隔斷，不是知行的本體了。未有知而不行者。知而不行，只是未知。聖賢教人知行，正是安復那本體，不是著你只恁的便罷。故《大學》指箇真知行與人看，說『如好好色，如惡惡臭。』見好色屬知，好好色屬行。只見那好色時已自好了，不是見了後又立箇心去好；聞惡臭屬知，惡惡臭屬行，只聞那惡臭時已自惡了，不是聞了後別立箇心去惡。如鼻塞人雖見惡臭在前，鼻中不曾聞得，便亦不甚惡，亦只是不曾知臭。就如稱某人知孝、某人知弟，必是其人已曾行孝、行弟，方可稱他知孝、知弟；不成只是曉得說些孝、弟的話，便可稱為知孝、弟。又如知痛，必已自痛了方知痛；知寒，必已自寒了；知饑，必已自饑了。知行如何分得開？此便是知行的本體，不曾有私意隔斷的。聖人教人必要是如此，方可謂之知；不然，只是不曾知。此卻是何等緊切著實的工夫！如今苦苦定要說知行做兩箇，是甚麼意？某要說做一箇，是甚麼意？若不知立言宗旨，只管說一箇兩箇，亦有甚用？」

陽明藉《大學》「如好好色，如惡惡臭」來說明知行合一的道理，說得十分透闢，眼明之人，一見到好色便愛了，不是見好色才立個志願去愛；鼻不塞之人，一聞到惡臭便惡了，不是先聞惡臭才立個志去惡。從這角度言，知與行是統一的，是不可強分的。目盲不見好色，故無有好色須好之知；鼻塞不辨惡臭，也無有惡臭須惡之知，所以知與行也是分不開，是緊緊結合在一塊的。世上沒有一個「知」孝而不「行」孝的人，不能行孝，不管他有關孝的知識如何豐足，都不能算是「孝」。人在道德上的知覺與行為，莫不都是如此，在道德形成上，知行本是一體的，在道德實踐上，知行更不可能分開。知與行也許可以分開來講，卻不能真的分開，頂多只能說「知是行之始，行是知之成」。

現在再說一下陽明與朱子的關係。一次弟子徐愛想起陽明有關說《大學》「止於至善」的說法與朱子的格物之說覺得不相合，徐愛的問題是：「昨以先生之教，推之格物之說，似亦見得大略。但朱子之訓，其於書之『精一』，論語之『博約』，孟子之『盡心知性』，皆有所證據，以是未能釋然。」在《傳習錄》上陽明答以：

子夏篤信聖人。曾子反求諸己。篤信固亦是，然不如反求之切。今既不得於心，安可狃於舊聞，不求是當？就如朱子亦尊信程子。至其不得於心處，亦何嘗苟從？精一博約盡心，本自與吾說脗合，但未之思耳。朱子格物之訓，未免牽合附會。非其本旨。精是一之功，博是約之功。曰仁既明知行合一之說，此可一言而喻。盡心知性知天，是生知安行事。存心養性事天，是學知利行事。『夭壽不貳，修身以俟』，是困知勉行事。朱子錯訓格物。只為倒看了此意，以盡心知性為物格知至，要初學便去做生知安行事。如何做得？

徐愛又問：「盡心知性，何以為生知安行？」陽明續答曰：

性是心之體。天是性之原。盡心即是盡性。『惟天下至誠為能盡其性，知天地之化育』，存心者，心有未盡也。知天如知州知縣之知，是自己分上事。己與天為二事天如子之事父，臣之事君。須是恭敬奉承，然後能無失。尚與天為二。此便是聖賢之別。至於夭壽不貳其心，乃是敢學者一心為善。不可以窮通夭壽之故，便把為善的心變動了。只去修身以俟命，見得窮通壽夭，有個命在。我亦不必以此動心。事天雖與天為二，已自見得個天在面前。俟命，便是未曾見面，在此等候相似。此便是初學立心之始，有個困勉的意在。今卻倒做了，所以使學者無下手處。

徐愛續問曰：「昨聞先生之教。亦影影見得功夫須是如此。今聞此說，益無可疑。愛昨曉思，格物的『物』字，即是『事』字。皆從心上說」。陽明答以：

然。身之主宰便是心。心之所發便是意。意之本體便是知。意之所在便是物。如意在於事親，即事親便是一物。意在於事君，即事君便是一物。意在於仁民愛物，即仁民愛物便是一物。意在於視聽言動，即視聽言動便是一物。所以某說無心外之理，無心外之物。中庸言「不誠無物」，大學「明明德」之功，只是個誠意。誠意之功，只是個格物。

這裡的師生對話很有趣，一方面是知識層面的，一方是感情上面的，知識方面他對朱子格物說從根本上反對，感情上是他對學生反覆問難，完全耐得下煩，為學生分析事理十分詳細，可用體貼入微，鞭辟入裡來形容。但要注意，陽明標舉良知學，以與當時煩瑣的朱學相抗，除了在談《大學》格物問題上與朱子有異之外，其他地方，他對朱子的批評是很少的。這是因為朱子之學，所涉及範疇實比陽明要大了許多，也許在一個範圍之內，陽明以為朱子不夠精微，但出此之外，他也認為朱學是極有貢獻的。錢穆在《朱子新學案》中說：「守仁之說，始終未能擺脫盡朱熹的牢籠。」這是必然的，只是「牢籠」二字下得太強了。陽明在〈答羅整庵少宰書〉中也曾說：「平生於朱子之說，如神明蓍龜。一旦與之背馳，心誠有所未忍。」都可證明陽明與朱子的關係其實是十分緊密的。

第六講

一、心即理
二、「滿街人都是聖人」
三、關於《大學》的爭議
四、《朱子晚年定論》

一、心即理

上次談到陽明解釋良知，用了不少佛教式的用語，有人說陽明即禪，這是不公平的，陽明不止一次否認自己的良知學是禪，他稱佛教為「佛氏」，稱自己為「吾儒」，不僅如此，他認為自己所發明的良知學，是孔孟以來的儒學正統。《傳習錄》有記：

蕭惠好仙、釋，先生警之曰：「吾亦自幼篤志二氏，自謂既有所得，謂儒者不足學。其後居夷三載，見得聖人之學若是其簡易廣大，始自嘆悔錯用了三十年氣力。」

可見陽明一生自二氏歸乎儒學的心路歷程，研究陽明者，必須知道此點。儒與佛，一主入世，一主出世，立場相異，但無論儒或佛，都必須先要做人，即是人，則身體髮膚莫不相同，思想的內容與思想的方法，便也會有相容相通之處，所以論儒與佛，須從究竟處論。

除了主張致良知與知行合一之外，陽明還有一個認識，便是主張「心即理」。這點也與朱子主張的不同，而與陸象山則有點近似。簡而言之，宋明理學系統中，二程與朱子主張的是理學，而陸、王雖也論此，卻比較偏向從個人內心的方向來立論，所以一般將他們歸之於「心學」，以與「理學」區別。理學家並不否定人心的作用，但認為理與心的活動要分開來講的。很簡單，理是客觀綜合起來的理論，是人客觀經驗的集合，心當然有理，但由心所生的理比較主觀，比較難以得到一個合於標準的答案，說起話來是不易準確的，所以理學家雖也講心，卻不特別強調心的作用。這跟心學家的說法很不同，心學家強調「我心」活動的重要性，甚至主張心是所有理的源頭。陽明在〈答顧東橋書〉中說：

> 朱子所謂格物云者，在即物而窮其理也。即物窮理是就事事物物上求其所謂定理者也，是以吾心而求理於事事物物之中，析心與理為二矣。……若鄙人所謂「致知、格物」者，致吾心之良知於事事物物也。吾心之良知，即所謂「天理」也。

致吾心良知之「天理」於事事物物，則事事物物皆得其理矣。致吾心之良知者，致知也。事事物物皆得其理者，格物也。是合心與理而為一者也。

他跟顧東橋在討論朱子與自己哲學觀點的差異，宋儒強調「去人欲，存天理」，至少表示一個含義，人欲與天理是截然不同的兩回事，一個要去，一個要存，沒有調和的餘地，而這裡陽明卻直接說：「吾心之良知，即所天理也。」陽明雖也講去人欲，卻沒把天理與人欲講得這麼二分，這麼截鐵，這一點是與宋儒不同的。

「吾心之良知，即所謂天理也。」除了直認良知即天理之外，還有個意義，是說天理不在書本裡，也不在古代聖賢的語錄中，天理不是聖賢教我的，天理原來就藏在我的心中，我只要回到我真正的心，就可以在其中找到所謂的天理，聖賢的功能是啟發我發現我自己的天理，而非將聖賢的義理移植到我的身上。

這個說法是多麼主觀啊，陽明一點不以為這個主觀有什麼不對，他說過：「心即理也，天下又有心外之事，心外之理乎？」上一講曾舉《傳習錄》中的一段記錄，有人問深山有花自開自落，那事與我心有何關係呢？陽明回答說：「你未看此花時，此花與你心同歸於寂，你來看此花時，則此花顏色一時明白起來，便知此花不在你心外。」照陽明的說法，客觀世界的事事物物，如不與我心發生關聯，對我而言就無意義，無意義即等於不存在。所以，你知深山有花樹，便是花樹已在你心中，花雖是客觀的事物，卻在你心中主觀的存在了，所以說天下無心外之物，這是典型的唯心論的說法。他又說：「致吾心良知之天理於事事物物，則事事物物皆得其理矣。」這個說法完全不拐彎，非常直接，而且非常簡單，不擺學問的架子。他又說：「致吾心之良知者，致知也。事事物物皆得其理者，格物也。是合心與理而為一者也。」他等於用他的良知之學，打通了《大學》八目的任督二脈，讓被程、朱理學家解釋的支離破碎的道理，從此可以貫通了，不但是知與行，而且是知識與品德之間的隔閡一併都消除了，真正達到所謂「一體之仁」的標準。

陽明有〈月夜二首〉的詩寫道：

萬里中秋月正晴，四山雲靄忽然生。
須臾濁霧隨風散，依舊青天此月明。
肯信良知原不昧，從他外物豈能攖？
老夫今夜狂歌發，化作鈞天滿太清。

處處中秋此月明，不知何處亦群英？
須憐絕學經千載，莫負男兒過一生。
影響尚疑朱仲晦，支離羞作鄭康成。
鏗然舍瑟春風裡，點也雖狂得我情。

以詩言詩，這兩首並非好詩，原因是太直白了，缺少蘊藉，但陽明並非詩人，此詩不需用太嚴格的文學的方式來界定。這兩首詩是用以說明自己哲學主張的，也對他人有所批判，此詩表現出對朱子與對漢代的大儒如鄭玄之學的懷疑，陽明自認自己的良知說，比前代諸儒更能搔到癢處，因此可以更直接的說，無須拐彎抹角的。

但老實說，學問用這種談法，也不是沒有問題的，因為有不少知識（包括有關道德的知識）是靠客觀與分析得來，不是用「一體之仁」的口號就可以解決的。但當世界陷入長期的混淆，聖人「格物致知」的訓示，弄到不是那麼明白可曉，陽明藉由這種思維方式，宣告傳統知識為無用，說真理其實藏在別處，這種宣示確實也讓人眼睛為之一亮。他採用更為直截的語言，又自成一格的另闢蹊徑，完全不傍依別人，也不在枝節上兜圈子，這樣的說明方法，往往也幫人解決了一些認知上的問題，這叫做大破大立。

說到此處，我換一方式，以說明陽明學給當時人的感受。

在唐朝的時候，佛教大盛，從天竺印度傳來很多佛教的宗派，有大、小乘，密、顯宗等的分別，有的強調經，有的強調律，還有各派都有所獨重的誦經持咒的內容與方式，不一而足。中唐之後，經書已多，門派也盛，學佛應以何經為重，彼此往往爭議不休，讓信仰佛教的人跟著團團打轉，不知該皈依何經何派為好。舉例而言，光是玄奘大師主持翻譯的佛教經典就有七十四部，共一千三百三十八卷。除了玄奘之外，譯經的還有許多出眾的僧迦及飽學之士，所譯出的經、律更是汗牛充棟，這是當時宗教與學術的「風潮」，沒人想到這麼卷帙浩繁到汗牛充棟的佛教經典，該要一般學佛的人從哪裡學起呢？從事佛學研究的人不能精熟全部，也得精熟其中的一部分吧？而一部分也是個令人瞠目結舌的數字，何況解經的人很多，同一部經，解釋起來又各個不同，彼此爭論，莫衷一是，你就算選擇了一經，又要從何人的經解入手呢？

正在這紛亂不堪的時候，佛門出了個十分特殊的人物，就是禪宗的六祖惠能。他出身「化外」之地（現在的廣東），說的是別人聽不懂的廣東地方的方言，而他從小失學，連字都不識一個，起初這個被稱為「獦獠」的人在五祖的庭下做個磨房的幫手，後來出奇制勝，竟然擊敗了五祖底下最大的弟子神秀，成為禪宗的衣缽傳人。怎麼會這樣呢？

首先，禪宗強調的「人人自有佛性」，這「人人」是否也包括了目不識丁的人呢？因此惠能初答五祖問時說：「人雖有南北，佛性本無南北；獦獠身與和尚不同，佛性有何差別？」這段話就饒有趣味了；而禪宗主張佛性是自有的，也就是佛法無須「外」求，只往內求，求得本性自足就夠了。六祖最重要的宣言是：「本來無一物，何處惹塵埃。」一句話就打破了對方神秀的「菩提」「明鏡」等「有相」之喻。他解釋《金剛經》的主旨說：「應無所往，而生其心。」可見我心為主宰，我心之外，其他都不重要。想想看，六祖的說法對傳統佛教而言，是多麼的大的破壞力又是多麼大的建設力呀。

佛教到了六祖，才能登入真正平等的境界，到了六祖，等於宣布成佛是學佛的目的，而熟讀佛經、吃齋持咒都沒有用，因為那不是成佛的真正條件。因為「人人自有佛性」，所以佛法在我身上是自足的，一個人能真正回到自己的內心，找到自己內心的佛性，便可以「放下屠刀，立地成佛」了，請注意是「立地」，也就立刻、立即成佛，不須漸修幾十年，未來能否成佛還不見得可知。禪宗提倡的是「立地」式的頓悟，而且認為只有依靠這種方法，才能將我們一生的困惑徹底解決，一了百了。

憑著六祖獨特的創見，中國佛教至此才能開枝散葉，變成一般民眾可以接受的宗教，在此之前，受經、律的重重綑綁，佛教最多只是知識分子的宗教，因為其他人可能連字都不識一個，如何閱讀佛教的群經，以進入佛教義理的堂奧呢？陽明的良知學對理學的衝擊，有點像唐朝禪宗的六祖對整個佛教的衝擊，從此之後，「明心見性」不再是讀書人的專利，修齊治平也不光是知識分子的事，而是每個人都可以參與的事了，試想這個轉變有多大？

我們回想，《論語》裡面曾子所講的「士不可以不弘毅，任重而道遠」這段話，在孔子之前，士指的是官員，到孔子之後，士的定義擴大了，變成通指一般的讀書人或知識分子了，曾子所講的是指行仁是知識分子的責任，已用了士的廣義解了。士既是知識分子，當然得讀過書、受過教育，但當陽明提出「吾心之良知，即所天理也」這個觀念後，要「弘毅」的便不僅是讀過書的知識分子了，儒家所說的道德責任，也就是要在世上行仁義之事，讓世上真正達到孔子所謂的「老者安之，朋友信之，少者懷之」的目標，這變成了任何有志之士的責任了，一個從未做過官的人，或者一個不是讀書的人，更甚者是個目不識丁的人，也都可擔起這個責任了。

陽明講學，很喜歡講「匹夫匹婦」四個字，匹夫匹婦原來指的是尋常男女，是沒人會特別注意的一般人，現在連不以讀書為業的「匹夫匹婦」也要擔負起天下興亡的責任，可見這轉變是多麼的大，而給一般人的鼓舞又是有多大。有人問陽明什麼是異端，他說：「與愚夫愚婦同的，是謂同德；與愚夫愚婦異的，是謂異端。」《傳習錄》又有段：

問：「『中人以下，不可以語上』，愚的人與之語上尚且不進，況不與之語，可乎？」先生曰：「不是聖人終不與語。聖人的心，憂不得人人都做聖人。只是人的資質不同，施教不可躐等。中人以下的人，便與他說性、說命，他也不省得，也須慢慢琢磨他起來。」

陽明對所謂「愚夫愚婦」的命運感同身受，他認為即使是不懂性命之學的眾人，也可接受教育，以啟發他本有的良知，之後在世上勇敢又正直的做人。他提倡良知，給所有人注入自信，也給所有人有擔當責任的機會，這是好的一方面，但不可避免也有一些缺點。一個人如果過於自信，也往往會輕斷易行，過於強調個性，便會輕視客觀經驗，如不知節制，也會流於猖狂，把一個原本默默的人，變成妄人或狂人，這是王學發展到後期所呈現的不少問題之一，但在初始的時候是看不太出來的。良知學一開始，確實顯得明快有力，可以說直截又根本，把長久以來籠罩在迷霧中的心性之學，注入一種嶄新的詮釋力量，這是王學受社會普遍的歡迎，良知學具有一種摧枯拉朽之勢的道理。

將陽明學視為心學，是陽明強調「心」重過「理」，他說：「吾心之良知，即所謂天理」這句話，就是說一切所謂的理，其實都是從「吾心」得來。他在〈答顧東橋書〉中又說：「有孝親之心，即有孝之理；無孝親之心，即無孝之理矣。……心雖主於一身，而實管乎天下之理；理雖散在萬事，而實不外乎人之一心。」假如不是討論今天的學術（包括純知識的如自然科學知識），只談儒家的道德哲學，這是說得通的，道德是由人的心來主持，假如沒有人心，或者沒用心的實踐，道德只是虛文，是完全沒有意義的。但如逸出了這個範圍，這個結論就很難下了。要知道宋明理學或心學，所論述的多數是有關道德與心性上的問題，這種討論的方式，只能限制在心性學之中，逸出範圍，就容易出錯。陽明當年「格竹子」就是誤觸界限，以致沒有結果，但此處陽明說的，如謹守道德或心性學的範疇，是可以成立的。

《傳習錄》又有一段記錄，陽明說：

> 可知充天塞地，中間只有這個靈明，人只為形體自間隔了，我的靈明，便是天地鬼神的主宰。

所謂靈明就是心，不是理。人靠靈明主持世界一切，包括認知與判斷，陽明這個說法，跟他舉深山花樹說的一樣，都有強烈唯心色彩。但以前的理學家，把「理」說得太細、太玄，而且把道德說得太「學術化」，反而跟生活與道德的實踐無關了，與生活無關，便脫離了「庶民文化」，跟民眾之日常所想脫節，當然得不到民眾的呼應。而陽明是說人人有現成良知在的，天理不假外求，天理自藏在我心中，這話民眾聽得懂，反身而求也可以做得到，這是陽明學一經提出，在社會造成轟動的原因。

二、「滿街人都是聖人」

陽明告訴我們，除了我心的存在，沒有另一個天理的存在，所以天理即我的良知，而我的良知即天理，在陽明的時代，此說有打破一切的味道。在陽明看來，所謂聖賢，其實就是把己身的良知發揮、擴充到極致，假如良知是不假他人而既存我心的，那人人都可以不假外求的成為堯舜了。所謂堯舜，其實是個樣板，是一般人對聖人的最高想像，陽明的說法，完全呼應了孟子說的「舜何人也？予何人也？有為者亦若是」的精神。

這個意見引起「滿街人都是聖人」的這個推論出來。要知道「滿街人都是聖人」這句話，往往成為後人攻擊陽明的話，也形成了陽明學的危機，這裡必須說一說。

其實在《傳習錄》裡面就有記載，有段是：

先生鍛鍊人處，一言之下，感人最深，一日王汝止（艮）出遊歸，先生問曰：「遊何見？」對曰：「見滿街人都是聖人。」先生曰：「你看滿街人是聖人，滿街人看到你聖人在。」又一日，董蘿石（澐）出遊而歸，見先生曰：「今日見一異事。」先生曰：「何異？」對曰：「見滿街人都是聖人。」先生曰：「此亦常事耳，何足為異？」蓋汝止圭角未融，蘿石恍見有悟，故問同答異，皆反其言而進之。

在這段記錄裡，陽明並沒表示出他對「見滿街人都是聖人」這議題到底是贊成或反對，《傳習錄》是強調他善於聆聽不同人的不同意見，貫徹因人設教的教育風格而已。但下面一段，就很清楚的指出，「滿街人都是聖人」是可能的，《傳習錄》說：

洪（錢德洪）與黃正之、張叔謙、汝中（王畿）丙戌會試歸，為先生道途中講學，有信有不信。先生曰：「你們拿一個聖人去與人講學，人見聖人來，都怕走了，如何講得行。須做得個愚夫愚婦，方可與人講學。」洪又言：「今日要見人品高下最易。」先生曰：「何以見之？」對曰：「先生譬如泰山在前，有不知仰者，須是無目人。」先生曰：「泰山不如平地大，平地有何可見？」先生一言翦裁，剖破終年為外好高之病，在座者莫不悚懼。

這段話是說講學的人不要擺出一副高高的聖人的模樣出來，跟「愚夫愚婦」（指一般沒見識的人，沒有貶義）講學，必須和光同塵的用他們的思考方式，用他們習慣的語言，與他們打成一片，才能真正感格他們。這裡要問，為什麼要跟愚夫愚婦講學呢？因為他們都有成為聖賢的可能，當他們一天成為聖賢，那不論王汝止還是董蘿石所見「見滿街人都是聖人」就是事實了。令人驚奇的是陽明說「泰山不如平地大」，泰山象徵聖人，平地象徵一般人，這是一種「宣言」式的警句，是說聖人也有很多地方不如一般的人，聖人不可自傲，而一般人當也無須自卑，這陽明意旨之所在。

陽明認為在良知這層面上，就算聖人，一個不識字的「鄙夫」也可以跟他平起平坐的，《傳習錄》有段弟子的記錄：

先生曰：「孔子有鄙夫來問，未嘗先有知識以應之，其心只空空而已：但叩他自知的是非兩端，與之一剖決，鄙夫之心便已了然。鄙夫自知的是非，便是他本來天則，雖聖人聰明，如何可與增減得一毫？他只不能自信，夫子與之一剖決，便已竭盡無餘了。若夫子與鄙夫言時，留得些子知識在，便是不掛竭他的良知，道體即有二了。」

請注意陽明語中的「鄙夫自知的是非，便是他本來天則，雖聖人聰明，如何可與增減得一毫？」鄙夫自有其良知，自知其是非，而且良知圓足，是無須聖人來增他一分的。聖人的功能，只在為鄙夫「一剖決」，讓他良知湧現便可，無須再做其他，更不能將良知「知識化」，一知識化，則知行就有二了。

陽明肯定良知超越知識，知識分子當然有作用，但絕不在只在賣弄知識，以形成社會的壁壘，陽明並沒有興趣做群眾運動，但他的良知學，確實在民間引起了巨大的波瀾，在社會上，陽明的良知學所形成的作用遠盛官方的學術。官方的學術還是以程、朱的為主，還是以書本上的知識為核心，觀念守舊，用語僵化，已與社會脫節。陽明在平定宸濠之亂後，因丁憂在家，避開了朝廷的政爭。他在家鄉一半休養一半教學，自己的學問與涵養也達到最成熟的境界。

三、關於《大學》的爭議

講到陽明學，必須講到他強調的良知、致良知與知行合一，這些都是針對傳統儒家的道德學而提出來的，陽明之學，求之內心，無須假借，當下實行，直捷便利，在當時可謂振聾發聵，但有建設當然也會有破壞，破壞必然引起反對或抗衡，所以陽明學的爭議還是不斷出現的。現在再談幾個陽明學上的重要爭議。

一是對《大學》一書的爭議。

陽明在青年時代有「格竹子」的荒謬經驗，因而對朱子的「格物」說產生懷疑。之後對朱子《四書章句集注》中的《大學》部分也懷疑起來。他拿出《禮記》第四十二篇《大學》的原文與朱注的《大學》作比較，發現朱子書中的《大學》與古本（《禮記》的原文）有不少的差異，最大的差異在朱子將《大學》分成經、傳兩部分（其實朱子憑藉的「改本」是來自北宋時的二程），而陽明發現古本的《大學》是前後相聯的，根本沒經、傳之別，可見朱子注《四書》時，確實對原來的《大學》動了點手腳。

這點朱子並非不知道，他在《集注》中說：「右經一章，蓋孔子之言，而曾子述之。其傳十章，則曾子之意而門人記之也。舊本頗有錯簡，今因程子所定，而更考經文，別為序次如左。」他選擇二程的改本，是認為如此更方便於解釋，也是對的選擇，但陽明認為這樣做根本是錯的，把原文分成經、傳兩部分，無疑撕裂了古書，書經撕裂，詮釋也跟著錯了，因此陽明認為，該把朱子的注本更正過來，恢復使用本無經、傳之別的古本。

其次，朱子於《集注》中在傳的四章後該出現解釋格物、致知之意的第五章，卻找不到原文。朱子說：「右傳之五章，蓋釋格物、致知之義，而今亡矣。閒嘗竊取程子之意以補之曰」，後面即是讓陽明產生誤會，與朋友發願要「格竹子」的那段重要文字，又叫作「格物補傳」，陽明後來認為這補傳也是多餘，因為格、致本於誠意，《大學》已在解釋誠意時充分說明了，無須補傳多說，《年譜》正德十三年條有記：

> 先生在龍場時，疑朱子《大學章句》非聖門本旨，手錄古本，伏讀精思，始信聖人之學本簡易明白。其書止為一篇，原無經、傳之分。格致本於誠意，原無缺傳

可補。以誠意為主，而為致知格物之功，故不必增一敬字。以良知指示至善之本體，故不必假於見聞。至是錄刻成書，傍為之釋，而引以敘。

這段話對古本《大學》之說，作了結論，就是《大學》本無經、傳之別，朱子加的「格物補傳」也是多餘。另陽明說：「格致本於誠意，原無缺傳可補。以誠意為主，而為致知格物之功，故不必增一敬字」，需再做說明。

朱子在注《大學》時並未強調「敬」這個字，而是他在另一本書《四書纂述》中說過：「入道莫如敬，未有能致知而不在敬者。」陽明說：

《大學》工夫即是明明德，明明德只是個誠意，誠意的工夫只是格物致知。若以誠意為主，去用格物致知的工夫，即工夫始有下落，即為善去惡，無非是誠意的事。如新本先去窮格事物之理，即茫茫蕩蕩，都無著落處，須用添個敬字方才牽扯得向身心上來，然終是沒根源。若須用添個敬字，緣何孔門倒將一個最緊要的字落了，直待千餘年後要人來補出？正謂以誠意為主，即不須添敬字，所以舉出個誠意來說，正是學問的大頭腦處。於此不察，真所謂毫釐之差，千里之謬。大抵《中庸》工夫只是誠身，誠身之極便是至誠，《大學》工夫只是誠意，誠意之極便是至善，工夫總是一般。今說這裡補個敬字，那裡補個誠字，未免畫蛇添足。

可見陽明對朱子解釋的《大學》，甚至在其他討論《大學》的地方是很不以為然的。宋人常有疑經改經的風氣，朱子也許受此習染影響，對《大學》原文做了改變，這種改變不論在經上或是傳上，都造成《大學》詮釋上的重大分歧。

陽明提倡復古本《大學》之舊，當時得到呼應不小，之後梅鷟（約1483-1553）、楊慎（1488-1559）、焦竑（1540-1620）等人以文字、辨偽、輯佚及考訂名物等為方式，研究宋人改經之功過，他們推論認為過是多於功的，這些考證上的成果，對清代乾嘉時代的考據學其實形成很大影響。這麼說來，陽明的學術作用好像還不僅在明心見性的功用上，產生的影響也不止於一端呢。

除此之外，《大學》中的「大學之道，在明明德，在親民，在止於至善」，其中「親民」兩字，朱子認為該從程頤解釋為「新民」（這是因為《大學》原文後引了《尚書．周書．康誥》「作新民」之緣故），朱注言：「新者革其舊之謂也，言既自明其明德，又當推己及人，使之亦有以去其舊染之汙也。」這段解說，陽明也深以為不可。《傳習錄》首章第一段就記了大弟子徐愛問兩者之所不同，文中言：

愛問：「『在親民』，朱子謂當作『新民』，後章『作新民』之文似亦有據；先生以為宜從舊本作『親民』，亦有所據否？」

先生曰：「『作新民』之『新』是自新之民，與『在新民』之『新』不同，此豈足為據？『作』字卻與『親』字相對，然非『親』字義。下面『治國平天下』處，皆於『新』字無發明。如云『君子賢其賢而親其親，小人樂其樂而利其利』。『如保赤子』。『民之所好好之，民之所惡惡之，此之謂民之父母』之類，皆是『親』字意。『親民』猶孟子『親親仁民』之謂，親之即仁之也。百姓不親，舜使契為司徒，敬敷五教，所以親之也。《堯典》『克明峻德』，便是『明明德』；以『親九族』至『平章協和』，便是『親民』，便是『明明德於天下』。又如孔子言『修己以安百姓』，『修己』便是『明明德』，『安百姓』便是『親民』。說『親民』便是兼教養意，說『新民』便覺偏了。」

陽明認為「親民」比「新民」要好，「親民」是親近民眾，「新民」是一新民眾，

「親民」自居與民眾平等，而「新民」說有改革民眾朝新的方向前進的含義，自覺是比民眾高了一籌的，這跟陽明認為就算是愚夫愚婦，也有成為聖賢的可能的基調是不相同的，陽明當然反對了。其次詮釋經典，非萬不得已，不能改易原典文字，「親民」可解釋得通（甚至解釋得更好），那更不該動了，此處陽明的堅持是合理的。

四、《朱子晚年定論》

陽明一直在思考一個問題，是朱子博學又覃思，為何會犯這個算起來很嚴重的「錯」呢？所以接下來，我要談一談陽明寫的《朱子晚年定論》的問題。

《朱子晚年定論》是一本陽明「編」成的小書，大約是採集朱子「晚年」與友朋弟子往來書信，證明朱子晚年思想大變，弟子錢德洪在引文中說：

> 朱子病目靜久，忽悟聖學之淵藪，乃大悔中年著述誤己誤人，遍告同志。師聞之，喜己學與晦翁同，手錄一卷，門人刻之。

這本書大約編成於陽明四十三歲之前，首刻於征南、贛時。主旨正如錢德洪所言，是說朱子對自己的學術不以為然，晚年似有轉變之跡象。陽明本人也在書首作了說明，他首先說：「洙、泗之傳，至孟氏而息；千五百餘年，濂溪、明道始復追尋其緒；自後辨析日詳，然亦日就支離決裂，旋復湮晦。」自述謫居龍場，居夷處困，動心忍性之餘，恍若有所悟，閒嘗以語同志，而聞者競相非議，目以為立異好奇。最後陽明說：

及官留都，復取朱子之書而檢求之，然後知其晚歲固已大悟舊說之非，痛悔極艾，至以為自誑誑人之罪，不可勝贖。世之所傳《集注》《或問》之類，乃其中年未定之說。自咎以為舊本之誤，思改正而未及，而其諸《語類》之屬，又其門人挾勝心以附己見，固於朱子平日之說猶有大相謬戾者，而世之學者局於見聞，不過持循講習於此。……慨夫世之學者徒守朱子中年未定之說，而不復知其晚年既悟之論，競相呶呶，以亂正學，不自知其已入於異端；則採錄而裒集之，私以示夫同志，庶幾無疑於吾說，而聖學之明可冀矣。

陽明認為朱子晚年思想大變，與自己的想法已經靠攏接近。這個說法，當然有給自己良知說增添證據的作用，說前代大儒到晚年已放棄其理學舊說，證明心學才是儒學之正統。本來這種爭議各說各話，不易得到共識，問題是陽明與弟子提出此說時，語氣過於強烈，讓當時儒學界有人心存不滿，宗朱子之學的人，則更為憤憤。強烈的語言如陽明說朱子：「知其晚歲固已大悟舊說之非，痛悔極艾」，說世之學者「徒守朱子中年未定之說，而不復知其晚年既悟之論，競相呶呶，以亂正學，不自知其已入於異端」，弟子錢德洪又說：「朱子病目靜久，忽悟聖學之淵藪，乃大悔中年著述誤己誤人，遍告同志。」

錢德洪說朱子「大悔中年著述誤己誤人」，語氣過當了些。然而話雖強烈，卻也不盡是沒有根據的，因為書中引言，絕大多數是出於朱子自己之口，如言「誤人」，書中引朱子〈答黃直卿書〉中言：「此是向來定本之誤，今幸見得，卻煩予革，不可苟避譏笑，卻誤人也。」言「支離」，其〈答呂子約〉中言：「熹亦近日方實見得向日支離之病，雖於彼中證候不同，然忘己逐物，貪外虛內之失，則一而已。」言「自誑誑人」，其〈答何叔京〉中有：「乃知日前自誑誑人之罪，蓋不可勝贖也。」可見評語大多採自朱子之親言，並非杜撰。

但就算朱子所親言，一部分可能是朱子真懺悔自己犯了錯，也有一部分可能是表示謙虛，這是古代學者共有的好品德，但此二者，有的分得清楚，有的分不清楚，或者懺悔與謙虛兼有，只是程度不同，不好確定必定是指何方面而言。「誤己誤人」由朱子說，顯得虛懷若谷，極為高尚，但由別人說，就有肆意攻擊朱子之嫌了。

最早對《朱子晚年定論》表示不以為然的是陽明的朋友顧東橋（名璘，1476-1545），《傳習錄》引來書曰：「聞語學者乃謂即物窮理之說，亦是玩物喪志；又取其厭繁就約，涵養本原數說，標示學者，指為晚年定論，此亦恐非。」但陽明答書，只評論朱子格物之說析心與物為二，認為根本是行不通的事，至於《定論》引文的正確性，陽明並未細論。

隔了幾年後，比陽明年長七歲的羅欽順（整庵，1465-1547）致書陽明，言：「何叔京卒於淳熙乙未（1175），時朱子方四十六歲，後二年丁酉而《論、孟集注》《或問》始成，今有取於答何書四通，以為晚年定論，至於《集注》、《或問》則以為中年未定之說，且竊恐考之欠詳，而立論太果也」。

羅欽順之後，陳建（1497-1567）著《學蔀通辯》，又有馮柯（生卒未詳）著《求是編》提出更多證據，認為陽明所採書信，除了羅欽順所舉，還有一些是朱子晚年之前所寫的，而與書名《朱子晚年定論》的「晚年」不合，因而證明陽明「欺筆舌以玩侮先正，而初無委曲調停之意」，攻擊陽明之詞甚為嚴峻。

陽明在答羅欽順的〈答羅整庵少宰書〉中，也承認自己在選擇上犯了錯，但大體上，認為一些不慎造成的錯誤並不影響全書的大意，他說：

> 其為《朱子晚年定論》，蓋亦不得已而然。中間連歲早晚誠有所未考，雖不必盡出於晚年，固多出於晚年者矣。然大意在委曲調停以明此學為重，平生於朱子之說如神明蓍龜，一但與之背馳，心誠有所未忍，故不得已而為此。「知我心者，謂我心憂；不知我者，謂我何求」？蓋不忍牴牾朱子者，其本心也；其不得已而牴牾者，道固如是，不直則道不見也。

《定論》採證確實有欠實的部分，這連陽明自己也承認，陽明還說「一旦與之背馳，心誠有所未忍，故不得已而為此」，證明陽明也知道犯了羅織的錯誤，但陽明又說「其不得已而牴牾者，道固如是，不直則道不見也」，他還是認為朱子晚年的思想與中年之前比是有很大的差異的。當然爭議的焦點仍然是他與朱子在《大學》一書的看法歧異上。〈答羅整庵少宰書〉裡還有一段精彩的文字，充分代表陽明對學術的真誠及生命中極有爆發力的血性。陽明說：

《大學》古本乃孔門相傳舊本耳。朱子疑其有所脫誤而改正補緝之。在某則謂其本無脫誤，悉從其舊而已矣。失在於過信孔子則有之，非故去朱子之分章而削其傳也。夫學貴得之於心，求之於心而非也，雖其言之出於孔子，不敢以為是也，而況未及孔子者乎！求之心而是也，雖其言出於庸常，不敢以為非也，而況其出於孔子者乎！且舊本之傳數千載矣，今讀其文詞，即明白而可通；論其工夫，又易簡而可入，亦何所按據而斷此段之必在於彼，彼段之必在於此，與此之如何而缺，彼之如何而補，而遂改正補緝之，無乃重於背朱而輕於叛孔已乎？

我們讀古書，非絕不得已，不可改動原書字句，假如原文可讀通，一定要照原文訓讀，這是很普通的規矩。《大學》在《禮記》裡，本不分經、傳，朱子《集注》本卻將之分成了經、傳兩部分，從考據學的標準便站不住腳，所以從此處而言，朱子是錯了，另如將「在親民」改解釋作「在新民」，則更有問題，因為改作「在新民」在含義上反而不如原文的「親民」更富足而周愜，這些道理在上段論古本《大學》時已說過，此處不贅。至於陽明在處理這個問題時為何動了「意氣」，說了「夫學貴得之於心⋯⋯」那一長段話，留到之後再討論。

再回頭談《朱子晚年定論》的問題，陽明在留都南京較空閒的一段時間，遍讀朱子之書，發現朱子晚年思想有了變化，不復早年「道問學」的手段，而漸有「尊德性」的認識傾向，是不是有向陸象山靠攏的意思不能確說，但棄繁趨簡，捨分歧而就統一的傾向則很明白。朱子在一封〈答陸象山〉書中說：

熹衰病日侵，去年災患亦不少。比來病軀，方似略可支吾，然精神耗減，日甚一日，恐非能久於世者。所幸邇來日用功夫，頗覺有力，無復向來支離之病，甚恨未得從容面論。未知異時相見，尚復有異同否耳？

朱子屢次承認自己早年的「支離」，確是事實，給陸象山書中所謂「未知異時相見，尚復有異同否耳」，此處所謂同異，當指「道問學」、「尊德性」之差，而說了自己近來「無復向來支離之病」，證明朱子有向「尊德性」靠攏的意圖。如此看來，陽明的判斷也非全無所據。但據陳榮捷先生在《王陽明傳習錄詳註集評》一書上的說法是，如在朱子遺書中採證書信，有與朱子通信者，所知約有四百三十人，朱子所致書者，所存有一千六百餘通，《朱子晚年定論》所採三十四書，人則僅二十三人，在朱之遺集中為極少之數，以此少數書信「斷定」朱子晚年思想，本來就有危險。陳榮捷說：「以朱子思想之淵博，若謂選三數十書便可斷其定論，則任何言說，均可謂定論矣。」這是從統計上立言，所言極為確鑿。

陽明所緝如真是朱子的書信，也許不盡出於朱子的「晚年」，但還是足以代表朱子「一部分」或某個時期之思想，這也毋庸爭議。世人多以「道問學」視朱子之學，陽明發現朱子其實有很多視覺的「分歧點」，朱子自承有支離之病，曾說自己「誤己誤人」「自誑誑人」也都是事實，陽明據此一判朱子晚年思想有變，也許在時間上不夠精準，但說明朱子思想的多面性，或者可以說朱子對自己的主張也有懷疑的部分，都是確鑿的。那我們該如何來看《朱子晚年定論》這本書呢？

其一是，學術上分類往往歷史研究者造成的，說朱子是「道問學」，說陸象山是「尊德性」，都是這種分類，二者含義都不是那麼準確的。譬如朱子曾勸人半日靜坐、半日讀書，半日讀書大家都懂，因為朱子教人「做學問」，讀書當然重要，但他又要人半日靜坐是何意思？靜坐是排除外緣求得內心安寧的手段。荀子曰：「君子之學也，入乎耳，著乎心，布乎四體，形乎動靜。」學問不僅要入乎耳，還要著乎心，這「著乎心」的動作，與心學家主張道德自覺要向內心去追求的意思彷彿很像，朱子主張半日靜坐，當然不是佛教式的靜坐，也不是道教式的靜坐，而是一種儒家特有的內省的心理活動方式，採用這個別修養方式，是否有朝「心」靠攏的跡象呢，看起來似乎有。如果有的話，可見朱子之學也沒捨棄心學家的想法，也認為心的活動是重要的。另外，陸象山也不阻止人讀書，他雖主張讀書不是那麼重要，主張「萬物皆備於我」，但他自己與他周圍的朋友學生，也都算是「飽學」之士，所以很多事實，不能全靠既成的分類來看。

其次是「變」的問題，黃宗羲在《明儒學案．姚江學案》序中說陽明「其學凡三變而始得其門」，既允許才在世上活了五十七歲的陽明其學三變，卻不允許朱子一生有變化的可能嗎？要知道朱子在世上活了七十一歲，比陽明要高壽許多，變的可能也更大了呢。一個學者，對學問的認識，對生命的體悟，隨時是在改變的，所以清代的王懋竑（1668-1741）撰《朱子年譜》，寫朱臨終前三日仍在修改《大學．誠意章》，為何要改？因為覺得原注不妥，或有新發現與體悟要補充進去，可見朱子到死前仍在變，是不是真變了我們不精確知道，至少朱子在「求變」。

錢穆先生在《宋明理學概述》一書中批評《朱子晚年定論》說：「從來以一代大儒一代宗師來寫一本書，總沒有像此書般的粗疏的。」的確，陽明在這本書上犯了不少引證的錯誤，尤其在時間的考證上。還有，陽明在寫此書時，思想還不夠圓熟，也從未想到也許一天自己會變成錢先生說的「一代大儒一代宗師」，對陽明而言，這是過譽了，過譽就可能有違事實的。

但我們可從另一角度看這本書，陽明在《朱子晚年定論》中所呈現的朱子，是對自己的學問深覺不安的，他因要求進步，不斷在努力思考，不斷在努力求變，這也顯示了一個很真實的朱子，倒不必確定這個求變的朱子是在中年或晚年，也不必確定朱子是否由「外」轉向「內」，一定是由「道問學」轉為「尊德性」，更無需確定此後是否就「定」了不再變了，依王懋竑的寫法，朱子就是活到八十一歲、九十一歲，也是會繼續把他之前注的書改個不休的，這才是真正的朱子。

第七講

一、「然吾之心與晦庵之心未嘗異也」
二、「四有」「四無」
三、王學分派
四、浙中王門

一、「然吾之心與晦庵之心未嘗異也」

陽明雖然在《大學》的詮釋上嚴詞批評過朱子，卻在《朱子晚年定論》上，想把朱子拉向自己，認為朱子後來的主張已與自己相去不遠了。《傳習錄》記陽明與弟子楊士德（驥）的對談：

士德問曰：「格物之說，如先生所教，明白簡易，人人見得。文公聰明絕世，於此反有未審，何也？」先生曰：「文公精神氣魄大，是他早年合下便要繼往開來，故一向只就考索著述上用功。若先切己自修，自然不暇及此。到得德盛時，果憂道之不明。如孔子退修六籍，刪繁就簡，開示來學，亦大段不費甚考索。文公早歲便著許多書，晚年方悔是倒做了。」

又說：

文公不可及，他力量大，一悔便轉。可惜不久即去世，平日許多錯處皆不及改正。

《傳習錄》又記：

朋友觀書，多有摘議晦庵者，先生曰：「是有心求異即不是。吾說與晦庵時有不同者，為入門下手處有毫釐千里之分，不得不辯。然吾之心與晦庵之心未嘗異也。」

可見陽明一生，對朱子還是深深佩服、十分崇敬的，他從未對朱子說過輕慢的話。

二、「四有」「四無」

現在還要討論一個話題，是「四有、四無」的爭議，這問題與朱子無關，但比與朱子有關的問題更複雜些。

「四有」「四無」之說提出的時間很晚，大約是陽明在世最後一次與學生所討論的有關他良知學上的問題。「有」與「無」，光看字面，就有強烈的對比與衝突性，這是陽明的兩大弟子錢德洪與王畿對他們老師良知說的不同解釋，牽涉到良知說的本體與工夫，事關緊要，先看《傳習錄》有關的記錄：

丁亥年九月，先生起復征思、田，將命行時，德洪與汝中論學。汝中舉先生教言，曰：「無善無惡是心之體，有善有惡是意之動，知善知惡是良知，為善去惡是格物。」德洪曰：「此意如何？」汝中曰：「此恐未是究竟話頭。若說心體是無善無惡，意亦是無善無惡的意，知亦是無善無惡的知，物亦是無善無惡的物矣。若說意有善惡，畢竟心體還有善惡在。」德洪曰：「心體是天命之性，原是無善無惡的。但人有習心，意念上見有善惡在，格、致、誠、正、修，此正是復那性體功夫。若原無善惡，功夫亦不消說矣。」

是夕侍坐天泉橋，各舉請正。

先生曰：「我今將行，正要你們來講破此意。二君之見，正好相資為用，不可各執一邊。我這裡接人，原有此二種。利根之人，直從本原上悟入，人心本體原是明瑩無滯的，原是個未發之中。利根之人，一悟本體，即是功夫，人己內外一齊俱透了。其次不免有習心在，本體受蔽，故且教在意念上實落為善去惡，功夫熟後，渣滓去得盡時，本體亦明盡了。汝中之見，是我這裡接利根人的；德洪之見，是我這裡為其次立法的。二君相取為用，則中人上下皆可引入於道。若各執一邊，眼前便有失人，便於道體各有未盡。」

既而曰：「已後與朋友講學，切不可失了我的宗旨：無善無惡是心之體，有善有惡是意之動，知善知惡是良知，為善去惡是格物。只依我這話頭隨人指點，自沒病痛，此原是徹上徹下功夫。利根之人，世亦難遇。本體功夫一悟盡透，此顏子、明道所不敢承當，豈可輕易望人！人有習心，不教他在良知上實用為善去惡功夫，只去懸空想個本體，一切事為俱不著實，不過養成一個虛寂。此個病痛不是小小，不可不早說破。」

是日德洪、汝中俱有省。

所引文字稍長了，這是不得已。首先得說這段文字是由陽明弟子黃省曾所錄的，文中稱錢德洪為德洪（直稱），稱王畿為汝中（敬稱），並非黃省曾不周到，而是因為《傳習錄》完成於錢德洪之手，錢在整理文稿時為表謙虛，都統一將對他的敬稱改成德洪了。我們綜合一下錢德洪跟王畿的不同說法，錢德洪聽到陽明曾跟他說過，「無善無惡是心之體，有善有惡是意之動，知善知惡是良知，為善去惡是格物」，但王畿認為應該改成這樣說才對，便是：「心體是無善無惡，意亦是無善無惡的意，知亦是無善無惡的知，物亦是無善無惡的物」。錢德洪引的是「有」，而王畿說所引的卻都是「無」，所以歷史上稱這次爭議叫「四有」「四無」之爭。又因這最早的四句來自陽明對錢德洪的教誨，故又稱「四句教」，又因發生在陽明起征思、田之前一日，兩人請益教教此問題在山陰的天泉橋上，故又叫「天泉橋證道」，王畿就有〈天泉證道記〉一文專記此事。

據記載，錢德洪所引的師說並沒有引錯，因為陽明在天泉橋上證實了確實是這麼說的，但他在「四句教」中其實是包含了「有」「無」兩端的，「無善無惡是心之體，有善有惡是意之動」，前者為無，後者為有。什麼叫作「心之體」？體即本質，也就是心的本質該是無善無惡的，什麼叫作「意之動」？也就是指心的動作、作用是有善有惡的了（《大學》八目意在心之前，但在此處，意即心，並無太大區別）。

陽明的解釋是他的教學有為「利根」的人所設，也有為一般「其次」（不算利根）的人所設的法，利根指根器鋒利（心智聰慧），一經指點便能達道，無需循環假借，良知流行，便達至善的人；還有一種人，不是那麼聰明，必須隨處指點，勤加練習，方可體會良知本我所有，不必再在外募求了。陽明施教，有效法孔子之意，孔子雖然有教無類，但施教時也得注意對象的能力，因為孔子也說過：「中人以上，可以語上也；中人以下，不可以語上也。」（《論語．雍也》）此處捻出「中人以下」、「中人以上」或「利根」、「其次」之詞語，並不在有意區別學生的優劣，而是要施教者注意施教的方法，對學生要因材施教，所以陽明說「二君之見，正好相資為用，不可各執一邊。」

陽明的良知說，是說每人內心都有分辨基本是非善惡的能力，而這基本的能力，是人生所有「理」的本源，當提出了良知說，便自由演變出「心即理」的說法了，「心即理」若成立，則表示求天理無需煩瑣去求，回歸內心就是最好的方式，因為世間之理，其實藏在我心中，到此地步，則程、朱所說「是以大學始教，必使學者即凡天下之物」，就變成沒有意義了，學者其實無須由格凡天下之物來求理的。

但由回歸內心以求得天理，是否任何人都會得到相同的結果，卻是不能保證的，這便演化出像陽明所說的了，根器利的人一點就通，而根器不利的人就須經人更多指點，自己也須加倍努力才能做到，與孔子「中人」之喻，便不謀而合了。王畿在〈天泉證道記〉中言：

> 先生（王畿）謂夫子立教隨時，謂之權法，未可執定，體用顯微，只是一機。心意知物，只是一事。若悟得，心是無善無惡之心，意即是無善無惡之意，知即是無善無惡之知，物即是無善無惡之物。蓋無心之心則藏密，無意之意則應圓，無

知之知則體寂，無物之物則用神。

王畿的「四無」說，其實強調的是用「悟」的方式來體道，最後幾句，是用《易·繫辭》的典故。〈繫辭〉曰：「蓍之德圓而神，卦之德方以知，六爻之義易以貢。聖人以此洗心，退藏於密。吉凶與民同患，神以知來，知以藏往，其能孰與此哉。」王畿認為良知的最高哲學境界是「無」，因為意在無的狀態下才能應圓，知在無的狀況下才能體寂，所謂無，便是無善無惡，這是天命之性的最高存有狀態。王畿說：「天命之性，粹然至善，神感神應，及機自不容己，無善可名。無善可名，惡固本無，善亦不可得而有也。」「至善」來自《大學》之「止於至善」，王畿的話牽涉到對至善的解釋，從字面上言，至善當然有善的成分，否則便不能叫至善了，但王畿卻認定至善既為「至」，便不該有善惡的含義存在，做了「粹然至善」卻「無善可名」的認定，假如良知是人心的至善，良知在實踐的時候當然分得出善惡，但它的最初源由，也就是陽明說的「心之體」，應該是無善無惡的，本體與功夫是兩端，是不可混淆的。但據錢德洪的看法是，假如本體是無的話，如何產生功夫的「有」？因而產生「若悟得，心體是無善無惡，意亦是無善無惡的意，知亦是無善無惡的知，物亦是無善無惡的物矣。若說意有善惡，畢竟心體還有善惡在」的問話。

有無之辨是傳統儒家與道家思想的最大分野，而「歸寂」又是後來佛學的看法，陽明只說「心之體」是無善無惡，而王畿更推而廣之，認為從心之體到心之意、到心之動，到良知的發現都應是無善無惡的，便已墮入佛家的說法了。王畿以「四無」說裡，引用了道家、佛教的觀點詮釋陽明的良知說，當然偏離了傳統儒家的說法，連陽明也並不完全認可，但他對兩弟子的言論，並不很嚴厲，開始說自己學說中的「無」是為上根人立言，而「有」，是為一般人立言，陽明稱之為「教法」之不同。而王畿的〈天泉證道記〉於此記錄尤詳，說道：

> 夫子曰：「正要二子有此一問。無教法原有此兩種，四無之說，為上根人立教，四有之說，為中根以下人立教。上根之人，悟得無善無惡心體，便從無處立根基，意與知物，皆從無生，一了百當，即本體便是工夫，易簡直捷，更無剩欠，頓悟之學也。中根以下之人，未嘗悟得本體，未免在有善有惡上立根基，心與知物，接從有生，須用為善去惡工夫，隨處對治，使之漸漸入悟。從有以歸無，復還本體，及其成功一也。世間上根人不易得，只得就中根以下人立教，通此一路。汝

中所見是接上根人教法，德洪所見，是接中根以下人教法。」

後來又說：

「汝中所見，我久欲發，恐人信不及，徒增躐等之病，故含蓄到今。此是傳心祕藏，顏子明道所不敢言者，今既說破，亦是天機該發泄時，豈容復祕？」

依王畿的說法，陽明於錢、王二人主張中，似乎較偏向王之一邊，更嘉許王畿獨傳此心之祕藏，否則不會說：「今既說破，亦是天機該發泄時。」這麼說來，陽明雖也說過二者不可偏廢，但於王畿的「四無」說更為讚賞。這是什麼原因？

首先講出由「無」生「有」的道理應來自北宋的周敦頤，他有本《太極圖說》的書，書上寫道：

無極而太極。太極動而生陽。動極而靜，靜而生陰，靜極復動。一動一靜，互為其根，分陰分陽，兩儀立焉。

有些學者認為這《太極圖說》「無極而太極」的說法，源自道教之陳摶，在道藏中的《上方大洞真元妙經品圖》中，已有周敦頤《太極圖說》中類似之圖之說，但從周敦頤之後，「有」生於「無」的理論就在儒家學說中流行起來。在道教，這理論是用作修煉；在儒家，則多用來解釋宇宙的發生、一切的起源。

陽明於宋儒中很推崇周敦頤，他講良知盡頭的心之體的時候，說「無善無惡心之體」，無疑是用了像是周敦頤的「無極而太極」的觀念，在這一系統之下，看起來有它的合理性。這「無極而太極」原只是為萬象找出一個產生的理由，對世上已存事物並無影響，傳統儒家對之往往「存而不論」。宋朝之後，討論這項議題的多了，但因為無法證明，學者的態度也多莫衷一是。陽明提出最重要的見解是良知說，而良知不是無，而是有，不是無善無惡，而是有善有惡，否則不會跟著說「知善知惡是良知」，又說：「良知只是個是非之心，是非只是個好惡。只好惡就盡了是非，只是非就盡了萬事萬變」。問題是陽明何須更往上推，要說良知產生之前的有、無的問題呢？《年譜》在嘉靖六年丁亥條記天泉橋問答，陽明答錢德洪問言：

有只是你自有，良知本體原來無有，本體只是太虛。

但又說：

太虛之中，日月星辰，風雨露雷，陰霾饐氣，何物不有？

嚴格說了，以上兩句是互為矛盾的，如本體即是太虛，本體是無，太虛也當是無，既是無，則「日月星辰，風雨露雷，陰霾饐氣」也應不存在，跟之為無，不該是有。所以在這裡討論到心的本體為無，對良知說除造成紛擾外，並無太大益處。然而由王畿文中所敘，陽明似很看重「無善無惡是心之體」這個論述，以「傳心之祕」來形容。但《年譜》裡又有段話，陽明重囑錢、王二人說：「二君以後再不可更此四句宗旨。此四句中人上下無不接着。我年來立教，亦更幾番，今始立此四句。人心自有知識以來，已為習俗所染，今不教他在良知上實用為善去惡功夫，只去憑空想個本體，一切事為，俱不著實。此病痛不是小小，不可不早說破。」顯示陽明也擔心此說恐有蹈虛之病。

良知說是否一定要從心的本體是有是無來談，又是另一問題了。陽明在與兩弟子言談之間，在語意上看，是比較站在王畿這一邊的，假如嘉許王畿的說法是為上根人立論，而與陽明之前常說的：「與愚夫愚婦同的，是謂同德；與愚夫愚婦異的，是謂異端」，在情境下便有些不合了。

但不論據《傳習錄》或《年譜》所記，陽明對學者「今不教他在良知上實用為善去惡功夫，只去憑空想個本體，一切事為，俱不著實」也深以為病，有意教示學生要在有、無問題上作一調和。陽明在天泉橋上最後的一段話，其實埋下了陽明死後幾百年爭議的端緒。

當然四句話中爭議最大的是首句「無善無惡心之體」，陽明在此之前，好像從未說過類似的話，論「本體」，陽明說過「至善是心之本體」，說過「人性皆善，中和是人人皆有的，豈可謂無」，又說過「至善者，心之本體。」又說過「天命之性，粹然至善」。至善既是心之本體，則本體該是善的，說心體是無善無惡便是不通了，所以，劉宗周力辯此說不出自陽明，他說：

> 王門倡無善無惡之說，終至於至善有礙。解者說：『無善無惡斯為至善』，毋乃多此一重繞乎。善，一也，而有有善之善，無善之善，古人未之及也。即陽明先生亦偶一言之，而人奉以聖書，毋乃過歟？

黃宗羲在《明儒學案．師說》「王龍溪畿」條又引劉宗周之言道：「愚按：四句教法，考之陽明集中，並不經見。其說乃出於龍溪。」也就是說黃宗羲的老師劉宗周認為四句教中無善無惡之說是「偶一言之」，應是王畿個人的說法，與陽明無關。

劉宗周認定是王畿一人之言，是站不住腳的，因為四句教不僅在王畿的〈天泉證道記〉出現，也在陽明的《年譜》與《傳習錄》中同時出現，應該出於陽明之口的。陽明此說在其他地方未見過，也實如劉宗周說的「偶一言之」，但這偶一言之在陽明並不是戲言，似也不能輕輕帶過。劉宗周曾評論這無善無惡之說，是：「有無不立，善惡雙泯，任一點虛靈知覺之氣，從橫自在，頭頭明顯，不離著於一處，幾何而不蹈佛氏之坑塹也哉！」而且就依陽明自己說的，他為「上根」與「下根」的人施教，宗旨雖相同，而立言卻有異，這使陽明的後學中，明顯的劃分成兩大派，一派不以天資高自居，勤於尋天理於良知，即知即行，知行合一；一則強調了悟，從氣魄上承當，任天機之流行，行跡幾近乎禪。這事該好好討論的，但陽明出征在即，似乎沒有時間從容與學生討論釐清，而埋下的爭議，成為之後左右兩派傾軋的標的。

三、王學分派

陽明自從龍場遇赦之後，到南、贛平亂之前有一段比較平順的日子，從此起跟隨他的弟子開始多了起來，弟子多了，很自然因省籍之不同，社會階級之有別，對陽明學的認識與體驗也有些差異，便自然形成幾個門派，幾派弟子以南方人居多，北方人較少。陽明自己知道，當時的人對他的學術，「疑信者半」，良知學曾風行，但反對者還是很多，阻礙力，在北方尤其大些。

現在我們來談談把陽明學發展開來一些的人。

當然陽明學是王陽明創造出來的一個哲學派別，陽明學成立在崇揚朱子之學的環境裡，比起陽明來，朱子之學稍繁複了，需要用很多學識來鞏固，不讀很多書，尤其是不讀很多儒家的經典，是進不了朱學的核心的。陽明只捻出致良知這消息，而這良知是不待學不待慮的，任何人只要反身而誠都可以找到良知。在明代中葉，陽明的主張，掀起了一陣很大的思潮衝擊，一些讀書人或做高官的人，對他比較敵視，認為他破壞了傳統，而這傳統，比較贊成維護社會既有的秩序，陽明學似乎打亂了這種秩序，所以應該排斥。但在一般社會裡，對陽明學卻比較歡迎，因為良知學帶給更多人成聖成賢的希望。

陽明從貶謫貴州之後，身邊就多了不少跟隨者，後來越跟越多，連他接受朝廷命令去出征時，周圍都跟有學生，陽明只要一停下來，學生就與他討論學問與修養上的諸問題，陽明也樂得如此，他本身是個好動的人，喜歡交遊也喜歡與人為善。但像他這樣無論在野在官，甚至在平定亂事的現場，起居坐臥，身邊老跟著一大群學生，也是一個非常特殊的現象，好像自古以來，很難得見到的。

一個原因來自社會。到了明代中葉，傳統中國社會還不能說是解體，但確實有了很大的變化，這變化，在長江中下游地區尤其顯著。首先是這地區的經濟比以前好了，人民的生活比以前有許多改善，人口也跟著遽增。據研究經濟史的學者說，明自中葉之後，被泛稱為「江南」地區（指長江以南，浙江以北）的長江下游，手工業突起式的發達，也帶動了地區繁榮，人口增加了，而且人民生活也變得富裕。還有一點，是明自中葉起，東南沿海就與許多外國產生交流，最初是海盜入侵，後來海盜平了，海運暢通帶來繁盛的貿易，口岸越來越多，以泉州為中心，向北到溫州、寧波，向南到漳、汀到潮、汕以至澳門，在此情況下，商業與庶民文化便越來越興旺，連帶社會的價值也隨著大大改變。更晚的萬曆年間，一位從歐洲來的傳教士叫利瑪竇（Matteo Ricci, 1552-1610），他從澳門經肇慶、經湖廣而到南京，看到中國各地富裕的景象，竟驚訝的說中國當時比起歐洲任何地方都要富庶，詳情記在他有名的《利瑪竇中國札記》。利瑪竇描寫他剛到了南京所見到的事實：他說：

論秀麗和雄偉，這座城市超過世上所有其他的城市，而且在這方面，確實或許很少有其他城市可以與它匹敵或勝過它。它真的到處是殿、廟、塔、橋，歐洲簡直沒有能超過這些的類似建築。在某些方面，它超過我們的歐洲城市。

由利瑪竇的描述，知道中國江南一帶在當時的繁華富裕，在這種物阜民康的狀況之下，民眾的知識需求也就變高了，這是經濟帶動了生活的一環。

有部以讀書人生活為背景的小說叫《儒林外史》，作者吳敬梓雖然是清朝人，而他的小說寫的卻是明代的社會。在這部小說裡我們會發現明代的刻書業極為發達，書中有位馬二先生（馬純上）就是幫書肆選文為業，他負責選好的文章，有的還加上評語按語，以利大眾閱讀，這工作極講效率，選好立即由書商找刻工現刻現印，以應市面大量的需要，幾乎每本剛上市的書，不要幾天就都售罄了，馬二先生也應選文督刻之便，周遊四處名勝，在書中鬧了不少笑話。當然，馬二先生所選以「時文」為主，所謂時文就是教人應考的八股文，但書肆所售，不只如此，因為明代科考，也得考古文與應制詩的，所以書肆「古文」與其他文類的書也很不少，除應考的參考書籍，包括小說、戲曲的書也不少，有很多有名的人幫這類書寫「評點」，李贄就是其一，明代中葉之後，各地刻書業都很發達，所刻圖書，比起前朝要多了許多，因為有人讀有人買，有時因為多，刻工與校對就比較粗糙，以至清代人有「明人刻書而書亡」的話。

利瑪竇也在他的《札記》中描述了所見中國印刷業發達，還有民間讀書風氣極高的現象，可見知識與資訊在當時的社會流傳的很快又緊密。閱讀書籍的人多了，表示大眾對不同知識的渴望程度也提高了，再加上陽明強調人人自覺的重要，我們可以這樣說，陽明學在明代中葉興起，是應了當時民眾對知識的需求，陽明學後來在民間發展蓬勃，也是這趨勢之一。

另一原因是王陽明有他的個人魅力，而他的良知學簡易直捷，也深契人心。簡單說，陽明的哲學有呼應民眾的需要之處，他鼓勵學者拋棄傳統的學術語言，說：「你們拿一個聖人去與人講學，人見聖人來，都怕走了，如何講得行。須做得個愚夫愚婦，方可與人講學。」與大眾說「法」，要把自己做得如愚夫愚婦，並且用愚夫愚婦的語言，陽明懂得這個心理，所以他的良知學在當時大盛。

陽明只活了五十七歲，又大部分工作在服公務，真正放在學問上，或真正講學的時間並不算長，所以以著作論，他的著作不多，在這一點上他萬萬不及朱子。他與陸象山一樣，都不很強調著作，翻開陽明文集，最重要的是《傳習錄》，這本書是語錄與書信的合集，是由他學生編集而成的，文集則收了他的書信、疏奏還有一些詩文，書信是延續《傳習錄》裡的書信，疏奏部分，除了做研究他生平的參考之外，用處並不多。陽明也有詩留下，有的詩也寫得不錯，《年譜》也記他曾熱衷書法，他的書法確實也算好，但他的成就不在文學、書法方面，所以這部分對我們研究陽明學並不很重要。

但陽明學開啟了另一套思考的方式，影響確實很大的。要說陽明學形成了一個很大的學術或社會運動，陽明的學生與後學者，也有很大的貢獻的。

黃宗羲的《明儒學案》把陽明學的繼承者分了好幾派，其中以浙中王門、江右王門與泰州學派為最重要，當然除了這三派之外，還有所謂南中王門、楚中王門、北方王門與粵閩王門等，也都有些成就與貢獻的，但整體上，不論實質與名聲，作用都不如這三派來得大。當然在更後還有很重要的學派與個人，譬如東林學派的人物，還有最後的蕺山學案裡的劉蕺山（宗周），在明代思想史上都很重要，之後我們也都會談起，但到東林與劉宗周的時代，他們與陽明已隔了很久了，只能留到最後再談。

四、浙中王門

我現在先談浙中、江右與泰州王門的情況。

「浙中王門」顧名思義，便是指陽明在浙江的一群弟子，陽明本人是浙江人，浙中王門，算是他家鄉的子弟兵，應該是跟陽明最親的一群人。不過我們也須了解，這浙中王門、江右王門等雖在陽明在時已有規模，流派也確實存在，但還是分得不是很清楚，到黃宗羲編定了《明儒學案》，才算完全落實。所以這派別大致是後人分析所用的，「當事人」當時並不很清楚有這種「派別」存在，有時「同鄉」也不表示一定是「同志」，異鄉也不表示不是同志。再來，黃宗羲與他的老師劉宗周都是浙江人，但他們很公正，碰到浙中王門，並無偏私之情。

說起浙中王門，最早須提起的是徐愛。

徐愛（1487-1517）字曰仁，號橫山，跟陽明一樣是浙江餘姚人，更特殊的他是陽明的妹婿。陽明在正德二年，赴謫貴州之前，曾回山陰老家一次，當時徐愛就在山陰師從陽明了，可以說他是陽明最早的弟子，傳說他極為好學，但徐愛在三十一歲時病死，故有「陽明門下顏淵」之譽。

今本《傳習錄》卷一前十四條，是徐愛所錄，在內容上，可以說是相當重要的部分，可見他雖早死，卻對「發明師說」有過很積極的貢獻。在前兩講，我們曾引陽明向他解釋知行合一之旨的那段文字，舉《大學》「如好好色，如惡惡臭」為例，說明「未有知而不行者，知而不行，只是未知」之說，這是陽明學的根基，又請問朱子將《大學》「親民」作「新民」解，陽明不以為可，都是陽明很重要的言論，這些都是徐愛記的，也放在《傳習錄》的首卷。《明儒學案》稱徐愛：「陽明之學，先生為得其真。」徐愛在他所記的十四則之前寫了〈引言〉，其中有：

> 先生明睿天授，然和樂坦易，不事邊幅。人見其少時豪邁不羈，又嘗泛濫於詞章，出入二氏之學，驟聞是說，皆目以為立異好奇，漫不省究。不知先生居夷三載，處困養靜，精一之功，固已超入聖域，粹然大中至正之歸矣。
>
> 愛朝夕炙門下，但見先生之道，即之若易而仰之愈高，見之若粗而探之愈精，就

之若近而造之愈益無窮。十餘年來，竟未能窺其藩籬。世之君子，或與先生僅交一面，或猶未聞其謦欬，或先懷忽易憤激之心，而遽欲於立談之間，傳聞之說，臆斷懸度。如之何其可得也！從遊之士，聞先生之教，往往得一而遺二，見其牝牡驪黃而棄其所謂千里者。

這段文字很有意思，說陽明之學在當時受到「異眼」相待，大家對陽明不是很了解，「臆斷懸度」的事時時發生，除了這些狀況外，陽明的個性「和樂坦易，不事邊幅」，把陽明的個性細節也寫出來了，原來陽明是個大而化之、不講究修飾的人，這項記錄可以補傳統傳記之缺。同時這段記錄也批評了陽明當時的學生，說「從遊之士，聞先生之教，往往得一而遺二，見其牝牡驪黃而棄其所謂千里者。」意思是一般的學生，往往把握不了陽明學的重點，見小不見大，得一而遺其二，大家討論的是一般馬「牝牡驪黃」的優劣，而千里馬在一旁卻沒人能發覺，由這段話可見出徐愛深為老師不平，也可見出徐愛本人也是個自視很高的人。

《明儒學案》選了篇他回邵思抑的信，信中說：

吾師之教，謂人之心有體有用，猶之水木有根源有枝葉流派，學則如培浚溉疏，故木水在培溉其根，浚疏其源，根盛源深，則枝流自然茂且長。故學莫要於收放心，涵養省察克治是也，即培浚其根源也。

可見他真能把握良知學的真髓，陽明也視之為知己。正德十二年（1517）五月十七日徐愛死，此時陽明正督師南、贛，聞訊悲痛無比，《明儒學案》記：「陽明在贛州聞訃，哭之慟」，又說「陽明每在講席，未嘗不念之。」《陽明先生集》中有〈祭徐曰仁文〉，文中有：

嗚呼痛哉！……朋友之中，能復有知予之深，信予之篤，如曰仁者乎？夫道之不明也，由於不知不信，使吾道而非邪，則已矣；吾道而是邪，吾能無靳於人之不予知，予信乎自得。曰仁訃，蓋哽咽而不能食者兩日，人皆勸予食。嗚呼！吾有無窮之志，恐一旦遂死，不克就，將以托之曰仁，而曰仁今則已矣。曰仁之志，吾知之，幸未即死，又忍使其無成乎？於是復強食。

後面數語，有點語無倫次，但字字發自肺腑，絕非等閒，可見徐愛對陽明的重要。可惜徐愛死得太早了，他留下的著作不多，要詳細研究他，便有困難了。浙中王門另有兩位要介紹，一位是錢德洪，一位是王畿，他們比徐愛有名，因為他們比徐愛活得久，對陽明的貢獻也很大。

首先得談錢德洪，錢德洪（1496-1575），本名寬，字德洪，後以字行，號緒山，他也跟陽明一樣是浙江餘姚人。他的著作或許本來就不多，而後人幫他編的如《緒山會語》，弟子徐用檢幫他編的《緒山先生續訓》等書，到清初就佚失了大半，說起來十分可惜，因為他是陽明幾個最親密又最受重視的大弟子之一，又跟陽明同里，他一生對老師忠心耿耿，在師門有領導之功。他的資料不全，不只影響到後世對他的了解，也影響到陽明學的整體研究，說起來十分可惜。

一個原因是不論陽明生前或死後，幫陽明編文集，錢德洪出的力道最大，貢獻也最多。還有《陽明先生年譜》的主編者也是他，大約他一生的精華，幾盡瘁於他老師學術的整理與編輯，因太忠厚又篤實了，卻忘了自己。他在〈陽明先生年譜序〉上寫著：

師既沒，吾黨學未得止，各執所聞以立教。儀範隔而真意薄，微言隱而口說騰。

> 且喜為新奇譎祕之說，凌獵超頓之見，而不知日遠於倫物。甚者認知見為本體，樂疏簡為超脫，隱幾智於權宜，蔑禮教愉任性。未及一傳而淆言亂眾，甚為吾黨憂。邇年以來，亟圖合併，以宣明師訓，漸有合異統同之端，謂非良知昭晰，師言之尚足徵乎？譜之作，所以徵師言耳。使謀於薛尚謙（侃），顧三紀未就。同志日且凋落，鄒子謙之（守益）遺書督之。洪亦大懼湮沒，假館於史恭甫嘉義書院，越五月，草半就。趨謙之，而中途聞訃矣。偕撫君、胡汝茂往哭之。返見羅達夫（洪先）閉關方嚴，及讀譜，則喟然嘆曰：「先生之，得患難幽獨中，蓋三變以至於道。今之談『良知』者，何易易也！」遂相與刊正。越明年正月，成於懷玉書院，以復達夫。

這段序文把《年譜》編寫經過寫出了。也就是初稿寫成在鄒守益死的那年（嘉靖四十一年，1562），到第二年（1563）才正式完成，正式付梓要更晚，大約距陽明死（1529）已將近三十年了。序文中寫出陽明死後弟子之間也紛爭不斷，各持己見，莫衷一是，這跟孔子過世之後，幾個重要弟子如子張、子游、子夏與曾子之間的爭議不休一樣，儒學看起來有分裂的傾向，《年譜》之作，是要以陽明具體行事以「證」何說為是，可見錢德洪個性謙退，卻是個見識的人。《明儒學案》對浙中的王畿與錢德洪這兩人有如下的評論：

> 先生（錢德洪）與龍溪親炙陽明最久，習聞其過重之言。龍溪謂：「寂者心之本體，寂以照為用，守其空知以遺照，是乖其用也。」先生謂：「未發竟從何處覓？離已發而求未發，必不可得。」是兩先生之良知，俱以見在知覺而言，於聖賢凝聚處，盡與掃除，在師門之旨，不能無毫釐之差。龍溪從見在悟其變動不居之體，先生只於事物上實心磨煉，故先生之徹悟不如龍溪，龍溪之修持不如先生。乃龍溪竟入於禪，而先生不失儒者之據矩矱，何也？龍溪懸崖撒手，非師門宗旨所可繫縛，先生則把纜放船，雖無大得亦無大失耳。

黃宗羲以為王、錢兩人親炙陽明最久，對陽明良知的體悟卻深淺有別，王畿似較深，但後落於禪，不如錢德洪雖較淺，就算「放船」而「纜」未解，終不失儒者矩矱，而錢的強調力行實踐，也把握了陽明學中的一部。錢德洪篤信誠實，《明儒學案》引他在《會語》中所說：

聖人於紛紜交錯之中，而指其不動之真體，良知是也。是知也，雖萬感紛紜而是非不昧，雖眾欲交錯而清明在躬，至變而無方，至神而無者，良知之體也。太虛之中，無物不有，而無一物之住，其有住則即為太虛之礙矣。人心感應，無時不有，而無一時之住，其有住則即為太虛之障矣。故忿懥、好樂、恐懼、憂患一著於有心，即不得其正矣。故正心之功不在他求，只在誠意之中，體當本體明徹，止於至善而已矣。

請注意他說的良知，是「雖萬感紛紜而是非不昧，雖眾欲交錯而清明在躬」，他認為良知是清清楚楚而有跡可尋的，人要守正不阿，只要決心夠，良知所示的道德目標既是明白的也是必然可以做成的，這確是極篤實的見解。

下面談王畿。王畿（1498-1583），字汝中，號龍溪，浙江山陰人。他與錢德洪都是陽明平宸濠亂後才收的學生，但兩人都才學出眾，成了陽明學生的領袖。陽明居越時，來往問學的人很多，往往先請他們兩人先疏通其大旨，然後卒業於陽明，當時稱他們兩人為「教授師」，後來陽明征思、田，兩人承命留守越中書院，以不輟講學。

講起兩人，還有事須一提。王畿與錢德洪都出身讀書世家，也都是浙江鄉試的舉人，嘉靖五年（1526），他兩在陽明的敦促之下到北京參加春闈考試，原本不願去的，陽明說：「吾非以一第為子榮也，顧吾之學，疑信者半，子至京師，可以發明耳。」也就是說我不在意你們進士考上與否，但此時我的學問，天下疑信相半，京師更是頗不平靜，你們去北京考試，正好找機會發明我的學說吧。看得出陽明用張揚己學為藉口，勸他們將科舉過程走完，老師既說出口，兩人便不好拒絕，便順理成章到北京參與了考試，而且順利通過第一關的「貢士」的考試，接下來參加由皇帝親臨的殿試，就可順利得到進士的名銜。依例殿試只是形式，考上貢士，很少有人不中進士的。在殿試將考的時候，他們兩人都歸心似箭，王畿跟錢德洪說：「此豈吾與子仕之時焉？」意思是這時候是我們做官的時候嗎？隨即決定束裝回鄉，這是因為想到進士得了之後就會立刻授官的，要辭官須費一些手腳，他們兩人對官場毫無興趣，而故鄉的教學事業卻在高峰，值得獻身。

兩人下定決心，便不考了，回鄉後，便忙著在山陰的陽明書院忙碌。兩年後陽明接到委派到廣西平亂，他們兩人沒跟著去，一年後陽明死於歸途。陽明死時兩人已在北京準備參加殿試了，聞訊南下奔喪，沒來得及考試，直等到再三年之後，也就是嘉靖十一年（1532），他們服陽明心喪畢，才又去參加殿試，得以把進士的行程「跑」完了。科名既得，馬上就有官做，兩人都經過了授官任職的手續，但兩人都無意做官，不久就推掉了。《明儒學案》寫王畿「林下四十餘年，無日不講學」，說錢德洪「在野三十年，無日不講學」，可見兩人都不求仕途聞達，一心以講學為業，講學的宗旨，當然是陽明的良知學了。

兩人都是陽明的高弟，對陽明良知學的解釋，按理該有很大的「一致性」，但卻不然。陽明在出征思、田之前一晚，還與這兩位弟子討論到良知學裡頭的所謂「四句教」的問題，這是有名的「天泉橋證道」，這問題在前面已討論過了，現在不贅。

《明儒學案》寫二人對陽明學之旨的認知「不能無毫釐之差」，也就是是有差異的。一個比較講虛的部分，一個比較講實的部分，講虛的部分，容易將陽明學講得跟禪學一樣，講實的部分，則容易拘泥在小處，碰到大處往往又張揚不開。這是彼此的優點與困窘之處。

王畿確實比較喜歡引禪入儒，對儒、道、釋「三教」，他一向採取一種比較渾融的態度，研究「三教合一」之說，在明代王畿是個不可或缺的人物。

《明儒學案》曾引王畿〈答南明汪子問〉，他曾說：

> 夫何思何慮，非不思不慮也。所思所慮，一出於自然，而未嘗有別思別慮，我何

容心焉。譬之日月之明，自然往來，而萬物畢照，日月何容心焉？……惠能曰：「不思善，不思惡，卻又不斷百思想。」此上乘之學，不二法門也。

解釋不思而明，不但用了「上乘」、「不二法門」等佛家的詞彙，而且直引禪宗六祖惠能的話，可見在王畿心中，他是不是真的有意將儒學禪學化不能斷定，但他融通儒釋的念頭是肯定有的。

陽明學自然不是禪學，陽明自己就明說過，但無法避免其中有些地方與禪學的說法接近，這是當時的風氣，其實宋明理學中，只要有「頓悟」的色彩，往往都與禪學脫不開關聯。

在浙中王門中，除早期的徐愛與錢德洪之外，其他的重要弟子，都或多或少有些禪學的氣息，包括季本、黃綰、董澐、陸澄、萬表、張元忭等人，說起來也有點奇怪，陽明學不是禪學，但在這群弟子的看法下，正統儒學與禪學不妨在某些地方做些聲息相通，他們認為一味死守矩矱，反而限制了學術的發展，看起來，這也是一派學術有所演化的自然現象。在遺傳學上，過於純粹的血統等於讓全族滅亡，黃宗羲看出了這點，他在《明儒學案·郎中王龍溪先生畿》中說：「先生親承陽明末命，其微言往往而在。象山之後不能無慈湖（楊簡），文成（陽明）之後不能無龍溪。以為學術之盛衰因之，慈湖決象山之瀾，而先生疏河導源，於文成之學，固有所發明也。」黃宗羲以象山後的楊簡比陽明後的王畿，有指責也有看重，指責與看重，都因純粹的問題，王學因之而盛，也因之而衰，黃宗羲說王學的「盛衰因之」，可說道出了真實。浙中王門人物尚多，但只能摘要講到此。

第八講

一、江右王門與「戒慎恐懼」

二、「正學」「歸寂」與「靜中恍見端倪」

三、泰州學派的「萬物一體」

四、「何獨於人而異之？」

一、江右王門與「戒慎恐懼」

「江右王門」，大致指的是陽明在江西的弟子。古代把長江下游也就是今天江蘇南部與浙江北部地區稱為「江左」，稱今江西省附近地區為「江右」。陽明一生與江西的關係很深，他十七歲到南昌迎娶新婦諸氏，在南昌住了一年才回浙，結交了不少當地的友人。他居夷處困三年後遇赦回，那年他三十八歲，第一個被任命的地方官職是廬陵縣知縣，廬陵位於江西中部，是歐陽修的故鄉，但他任縣令不到一年，便進京入覲，隨即陞南京刑部四川清吏司主事，任職南京。但不久又調職北京，四十二歲之前，在各處調動，在他四十二歲時，竟莫名其妙的被派到滁州任一個管馬政的官職，地僻官閒，使他可成天與友人門生相聚遨遊。《年譜》說他在當地「諸生隨地請正，踴躍歌舞，舊學之士皆日來臻，於是從游之眾自滁始」。

滁州在安徽，跟南京很近，與江西有大江相通，也不甚遠。陽明自滁州之後，學生就多了，後來他平南、贛之亂，雖亂及四省，主要地方還是在贛南，後又平宸濠之亂，都在江西一境，晚年過江西至廣西，平思、田之亂後，回程竟死於江西南安，可見陽明雖浙人，而一生與江西的關係獨深。他在江西一地的學生也最多，這些學生對後來的陽明學的開展影響極大。《明儒學案》中，對江右王門的推崇，勝過浙中王門甚多，當然黃宗羲的評論多受他老師劉宗周的影響，有趣的是不論黃宗羲與他老師都是浙江人，卻不回護自己的家鄉，可見他們論學上都十分公正，並不偏私。

《明儒學案．江右王門學案》評論說：

> 姚江之學，惟江右為得其傳。東廓、念庵、兩峰、雙江其選也。再傳為塘南、思默，皆能推原陽明未盡之旨。是時越中流弊錯出，挾師說以杜學者之口，而江右獨能破之，陽明之道賴以不墜。蓋陽明一生精神，俱在江右，亦其感應之理宜也。

這個論斷，可說把江右推崇到極致，當然部分正確，但也有不甚正確的地方，這問題以後再作辨正，現在對這一學派作一介紹。

江右王門的領導人物，首推鄒守益。

鄒守益（1491-1562），字謙之，號東廓子，學者稱之東廓先生，江西安福人。正德六年（1511）進士，他會試的時候考的是第一名，而殿試排在第三，只中了探花，授翰林院編修。明清兩朝，殿試前三甲狀元授翰林院撰修，榜眼、探花都授翰林院編修，為六品正、從，高於主事、縣令的七品，初授之時也是萬人矚目的。

但鄒守益在官場的表現其實也很一般，他一生三次因上疏得罪朝廷而遭貶，官最高做到南京國子監祭酒，是一個以清望官的職位。他最初見陽明於南、贛，原意是求表父墓，無意拜師求學，而與陽明談話後，心中有關宋儒格物窮理之疑竇大解，眼界大開，遂及門稱弟子。

他與陽明相處契合，很受陽明的賞識肯定。《傳習錄》有記：

> 癸未（嘉靖二年，1523）春，鄒謙之來越問學，居數日，先生送別於浮峰。是夕，與希淵諸友移舟宿延壽寺，秉燭夜坐。先生慨悵不已，曰：「江濤煙柳，故人倏在百里外矣！」一友問曰：「先生何念謙之之深也？」先生曰：「曾子所謂『以能問於不能，以多問於寡，有若無，實若虛，犯而不較』，若謙之者，良近之矣！」

「以能問於不能」來自《論語・憲問》，是曾子形容顏淵的話，陽明以孔門顏淵比擬鄒守益，可見對他的看重。

鄒守益之良知學，依黃宗羲的說法是得力於敬。敬就是謹慎小心，黃宗羲有一說，曰：「敬也者，良知之精明而不雜以塵俗者也。」將敬與淨合起來講，認為他講良知，講得乾淨純粹。鄒守益學問特色是他將《大學》、《中庸》合在一起來講。本來陽明也這樣講過，《傳習錄》記陽明曾說：「《大學》之所謂誠意，即《中庸》所謂誠身也。《大學》之所謂格物致知，即《中庸》所謂明善也。博學審問慎思明辨篤行皆所以明善，而為誠身之功也。非明善之外，別有所謂誠身之功也。格物致知之外，又豈別有所謂誠意之功乎？」鄒守益與陽明不同的是他特別標舉了《中庸》中的「戒慎恐懼」四個字，認為是良知省察的關鍵。

《中庸》上說：「道也者，不可須臾離也，可離非道也。」漢代的鄭玄與宋代的朱子對這段文字的解釋是相同的，均是指「道」無時無所不在，故君子必須隨時戒慎，常存敬畏，未得道時，不喪失得道的機會，已得道時，維持此道之不至失墜。這裡所謂的「道」，依《中庸》所指，即是「天命之謂性，率性之謂道」的道，也可說是君子行為的最高標準。「戒慎恐懼」與否，是君子小人在處理道德行為時的不同方式。道既不可須臾離，君子在面對「道」的時候，並不因為是否有人看見、聽到而改變態度。換言之，君子處在無人睹、無人聞的環境，依然十分謹慎小心以避免犯錯。所以《中庸》繼續說：「莫見於隱，莫顯乎微，故君子慎其獨也。」

鄒守益曾說：

遷善改過，即致良知之條目也。果能戒慎恐懼，常精當明，不為物欲所障蔽，則即此是善，更何所遷？即此非過，更何所改？

又說：

聖門要旨，只在修己以敬。敬也者，良知之精明而不雜以塵俗也。戒慎恐懼，常精常明，則出門如賓，承事如祭，故道千乘之國，直以敬事為綱領。

這些話的源頭其實來自陽明，因為據耿定向（1524-1597）〈東廓鄒先生傳〉中記，鄒守益早年嘗以《學》、《庸》之旨就教於陽明，陽明即謂：「獨即所謂良知也，慎獨者所以致其良知也，戒（謹）慎恐懼所以慎其獨也。」這段話說明鄒守益「戒慎恐懼所以致良知」是來自陽明，故《明儒學案》以為鄒氏「不背師說」是有根據的。與前面證明《學》、《庸》之旨合一是一樣的，因為《大學》也講慎獨，如：「所謂誠其意者，毋自欺也，如惡惡臭，無好好色，此之謂自謙，故君子必慎其獨也。」鄒守益的說法「戒慎恐懼，常精常明」，卻是極為正面的，其他學者在使用戒慎恐懼這一詞的時候，大多將之放在消極防範的意義上，但陽明卻將「戒慎恐懼」與《大學》的「致知格物」等量齊觀的。陽明曾說：

> 必欲此心純乎天理，而無一毫人欲之私，此作聖之功也。必欲此心純乎天理，而無一毫人欲之私，非防於未萌之先，而克於方萌之際不能也。防於未萌之先，而克於方萌之際，此正《中庸》「戒慎恐懼」，《大學》「致知格物」之功，舍此之外，無別功矣。

這證明鄒守益是遵循陽明師教，謹言慎行的一個人。從鄒守益這方向講，陽明學是統一而不分歧的，如黃宗羲說的：「離卻戒慎恐懼，無從覓性；離卻性，亦無處覓日用論物也。」這麼說來，戒慎恐懼確是重要，但如果只從這方面詮釋陽明，像是手腳被綁著，總覺得有些放不開之感，陽明學的「全體」真相是不是僅在於戒慎恐懼呢？這是個值得討論的問題。

也許應該這樣說吧，陽明學在討論心性極幽微部分的時候，其中謹嚴處，確是可用「戒慎恐懼」的態度來面對，但「戒慎恐懼」是態度而不是目的，因為「戒慎恐懼」是修飾一個人面對「誠意」時的一種狀態，本身是副詞或動詞，不應是主詞，地位與「良知」不同。假如照黃宗羲所說「夫子之後，源遠而流分，陽明之沒，不失其傳者，不得不以先生（鄒守益）為宗子矣」，這個判斷顯然將鄒守益看得過重，又把陽明學看得稍消極又保守了。因為陽明學雖然有鄒守益所看到的幽微嚴謹的部分，也有鄒守益不見的超越與開展的部分，解釋陽明學，不應只囿於此一端。

《明儒學案》把江右尤其是其中的鄒守益看得那麼重，在〈江右王門序〉中說：「蓋陽明一生精神，俱在江右。」這評語太過強烈，也未免失於偏頗。當然這評語其實是他老師劉宗周那兒來的，黃宗羲在書中很多的判斷都是承襲劉宗周而來。劉宗周曾引東林高攀龍以為同志，東林當時是以批評「王學末流」為有名的，劉宗周的蕺山之學，也十分不滿當時的王學流派中有「束書不觀，游談無根」，又處處引佛入儒的現象，便自創

「慎獨」之學，以與其他學者相抗頡。而「慎獨」這兩個字其實是從《中庸》與《大學》來的，《中庸》說：「道也者，不可須臾離也，可離非道也。是故君子戒慎乎其所不睹，恐懼乎其所不聞。莫見乎隱，莫顯乎微，故君子慎其獨也。」《大學》也說過類似的話，我們讀到以上這一段，就可知道劉宗周師弟一派為何推崇鄒守益了，因為鄒守益所主張的「戒慎恐懼」，依《中庸》所說，就是「慎獨」。

戒慎恐懼或慎獨，都是一個人獨處時的心靈活動，一般人講這類題目時都容易走偏鋒，往往朝虛無的方向走去，如捨動而取靜，偏「寂」又重「無」，一走下去，就往往與「二氏」之學為近了。但鄒守益與劉宗周不會，因為他們反對的就是這些。他們的戒慎恐懼或慎獨，是儒家的存養方式，一點都不虛無，但他們理會的良知，是只限在此一方面，他們認識的良知或心體，都確確實實存在著的，他們決不講「無善無惡心之體」之類的話，可見仍是堅守儒學壁壘的。

二、「正學」「歸寂」與「靜中恍見端倪」

江右王門除了鄒守益之外，還有歐陽德、聶豹、羅洪先、王時槐、鄒元標等多人。現擇要介紹如下：

歐陽德（1496-1554）字崇一，號南野，江西泰和人。歐陽德是陽明弟子中仕途發展得比較順遂的人，他是嘉靖癸未的進士，最高做到禮部尚書兼翰林院學士，死時五十九歲，謚文莊。歐陽德二十一歲通過了江西鄉試，卻不立即赴京會試，逕往在贛南的陽明處討教，當時社會以陽明脫離朱子學之正宗而遭非議，而歐陽德卻視陽明學為「正學」，所以入門之初，即受陽明賞識。聶豹曾說：「先師語來學，必曰先與崇一論之。」可見他在江右王門中有浙中錢德洪與王畿的地位，算是陽明死後王門領軍式的人物。再加上歐陽德居官三十載，在官場聲譽甚隆，陽明學在受到「官方」排擊時，他可發揮阻擋與澄清的作用，對後來陽明學的發展是很正面的。

他講良知學，很注意良知學的純粹性，也就是良知學是在整體的儒學思維下產生的，與其他無關。當時有許多學者，會把良知學當成佛學來講，這一點他與鄒守益同調，而與許多同時其他「同道」不同，譬如王畿、還有同屬江右的聶豹，還有與江右關係緊密的羅欽順等人，他們講王門良知都多少會引禪入儒，有些更以融會儒釋自居了。但歐陽德與鄒守益堅決畫清界限。歐陽德跟羅欽順的爭辯很有名，羅欽順以佛教的「知覺」為性，而吾心之良知也是以知覺為性，歐陽德辯之曰：

知覺與良知，名同而實異。凡知視、知聽、知言、知動皆知覺也而未必其皆善。良知者，知惻隱、知羞惡、知恭敬、知是非，所謂本然之善也。本然之善，以知為體，不能離知而別有體。蓋天性之真，明覺自然，隨感而動，自有條理，是以謂之良知，亦謂之天理。天理者良知之條理，良知者天理之靈明，知覺不足以言之也。

他以良知與知覺有別，來說明儒釋之不同，說得很清楚。歐陽德與陽明其他弟子一樣，把一生主要精神投注在講學活動，他因久居官位，無法悠遊林泉，但任官時，也不忘提攜弟子，官餘講學不輟。《年譜》嘉靖十一年記：「自師沒，桂萼在朝，學禁方嚴，薛侃等既遭罪譴，京師諱言學。至是年，編修歐陽德、程文德、楊名在翰林，侍郎黃宗明在兵部，戚賢、魏良弼、沈謐等在科，與大學士方獻夫俱主會。」十二年，續與友人季本等人講學南京，其中最大規模的講學活動是在北京的靈濟宮講學。據《明史‧歐陽德傳》所記：「當是時，德與徐階、聶豹、程文德並以宿學都顯位，於是集四方名士於靈濟宮，與論良知之學，赴者五千人，都城講學之會，於斯為盛」，可見盛況，最為難能可貴的是，這個盛況發生地是北京。《明儒學案》說：「先生（歐陽德）以講學為事，當是時，士咸知誦『致良知』之說，而稱南野門下者半天下。」他能發揮這麼大力量，一方面是他積極奮發，一方面也與他的政治地位有關，《學案》又稱他「立朝大節，在國本尤偉」，他是一個在政治地位與人格上都高貴的人。

講起江右王門，還須談一人物，就是聶豹。聶豹（1487-1563），字文蔚，號雙江，江西永豐人。正德十二年進士，初任華亭知縣，後出任蘇州知府，都有政聲。他又做過幾個有邊防責任的官吏，在抵禦塞北的強虜，平息東南的倭寇上都建過功勛，所以累官到兵部尚書，以文官而屢建軍功，在歷史確不多見，這一點，他與陽明倒很相近。但他為人剛直，常得罪當道，後因政策與輔臣嚴嵩不合，降俸致仕，卒贈少保，謚貞襄。

聶豹於陽明生前，只曾見過陽明一次，卻大悅其學，老覺得陽明學高識深，而周圍弟子不見得都能了解，曾說：「君子所為，眾固不識也。」陽明是個有教無類的人，不太會拒絕別人，所以門下頗雜，聶豹對陽明周圍老是有許多閒雜人等很不滿，曾寫信給陽明，認為陽明「接人太濫」，可見聶豹為人嚴整又正直。陽明答他道：「吾之講學，非以蘄人之信己也，行吾不得已之心耳。若畏人之不信，必擇人而與之，是自喪其心也。」這話令他驚覺又感動，但他始終沒有拜陽明為師，一方面之前意願不強，另一方面也苦無機會，後來陽明征思、田，回程病歿旅途，當時聶豹正在蘇州任官，說：「昔之未稱門生者，冀再見耳，今不可得矣。」遂請錢德洪為證，設位北面再拜，始稱門生。這樣的師生關係，也不得不稱奇了。

聶豹在學問上的建樹，不像他建有軍功般的熱鬧，他提倡「歸寂」說，所謂歸寂是指歸向虛寂的境界，這樣的感悟，是他在一次牢獄之災中體悟出來的。他認為心體本虛，良知本寂，只有在虛寂的狀況下，我們的心體與良知才是宛然具足、不思而能的，因此做學問的工夫應拋棄成見，於寧靜中發現「未發之中」，所謂未發之中，是指還沒發展成具體思考或行為的那個核心，那才是我們心體與良知所在之處，他形容說：「此心真體，光明瑩徹，萬物皆備。」又說：「此未發之中也，守是不失，天下之理皆從此出矣。」

他出獄後就積極推行這個看法，要人從靜處看出事物的端倪，與學者「立靜坐法，使之歸寂以通感，執體以應用。」

所以聶豹講的良知學，要透過靜坐、歸寂等的手續，不太像陽明所說的是隨處感應良知，尤其強調即知即行的那種方式，他透過靜坐、歸寂所得的良知，與陽明所說的也許並無二致，但究竟還是有些不同的，第一是又回到宋儒的老路上去了，因為北宋的周敦頤（濂溪）、楊時（龜山，1053-1135）都提倡過靜坐，甚至連朱子也主張過，宋儒有很多人主張以靜坐攝心的，聶豹也主張靜坐，豈不把陽明學也歸到宋學一派的老路上去了嗎？其次聶豹歸寂、靜坐也許發自儒者的真心，與佛教無關，但光是從名詞上看，就無可避免讓人想起與佛教的關係，所以一經提出，便受到很多同道的側目，進而詰難環起，就連一向主張混同儒釋的王畿最後也與他針鋒相對起來。當然，王畿與他爭論的是有關「致知」的問題，並不是歸寂的問題或靜坐的問題。

其實聶豹的歸寂說真的與佛教無關，而是他親陷牢獄之後的感悟，他說：「歸寂以通天下之感，不似釋氏以感應為塵煩，一切斷除而寂滅之。」他的歸寂是更高的道德實踐含義。聶豹對自己想法很堅持，他與很多同道之間的爭辯，這些爭辯，可以看見王學的精彩處，也往往顯示出王學的問題來。就如陽明學究竟是主動的或主靜的？只注意一邊，強調一邊，往往有失衡之虞。《明儒學案》論聶豹有言：「陽明自江右之後，始拈良知。其在南中以默坐澄心為學的，收斂為主，發散是不得已。有未發之中，始能有中節之和，其後學者有喜靜厭動之弊，故以致良知救之。」黃宗羲認為聶豹說的良知是未發之中，其實是來自師門，並未背離師說。

黃宗羲有意調和歐陽德與聶豹有關良知的見解，一個堅守儒者的矩矱，一個朝寂靜發展，認為「歸寂以通感，執體以應用」，而在宗旨上，並未背離師門。《學案》說：「雙江（聶豹）與先生（歐陽德）議論，雖未歸一，雙江之歸寂，何嘗枯槁，先生之格物，不墮支離，發明陽明宗旨，始無遺憾，兩不相妨也。」

再談江右的大儒羅洪先，他其實一生從未見過陽明，卻「私淑」陽明，後來對陽明學有很大的貢獻。《明儒學案》引鄧定宇之語說：「陽明必為聖學無疑，然及門之士，概多矛盾，其私淑而有得者，莫如念庵（羅洪先）。」

羅洪先（1504-1564），字達夫，號念庵，江西吉水人。他是嘉靖八年的狀元，中狀元時他岳父曾直聞報喜曰：「幸吾婿建此大事。」他卻說：「丈夫事業更有許大在，此等三年遞一人，奚足為大事也。」可見他與陽明當年很像，是個不重科舉浮名之士。他雖狀元出身，但一生官運不太好，在仕進上表現得並不特別傑出，倒是在繼承王學上，有很多獨到的發揮。他曾習佛教的《楞嚴經》，一度有得，得返聞之旨，覺此身在太虛，視聽若寄世外，見者驚其神采，這時他卻自省曰：「誤入禪定矣。」遂廢。後來研習王學，但當年禪定還是留下了影響，他說過：「聖學者亦須靜中恍見端倪始得。」他跟聶豹一樣也是主靜的一派，治學為人都十分謹嚴。

羅洪先雖一生未見過陽明，陽明死後，他在錢德洪、王畿的見證下加入王門，始稱弟子。陽明死後他協助錢德洪等人校定陽明《年譜》，對發皇陽明學有功。《明儒學案》記：

> 先生既定陽明《年譜》，錢緒山（德洪）曰：「子於師門不稱門生，而稱後學者，以師存日未得及門委贄也。子謂古今門人之稱，其義止於及門委贄乎？子年十四時，欲見師於贛，父母不聽，則即門者其素志也。今學其學者，三紀於茲矣，非徒得其門，所謂升堂入室者，子且無歉焉，於門人乎何有？」譜中改稱門人，緒山、龍溪證之也。

黃宗羲很感佩這位陽明生前未列門牆的「學生」，認為他比平常的學生對王學貢獻要多，說：「先生於陽明之學，始而慕之，已見其門下承領本體太易，亦遂疑之。及至功夫純熟，而陽明進學次第，洞然無間。天下學者，亦遂因先生之言，而後得陽明之真。其曉曉以師說鼓動天下者，反不與焉。」可見對他十分推重。

江右王門有個特色，就是比較注意良知學的「內在」部分，他們對良知初立的景象特別在意。在哲學，他們對本體的重視，往往超過功夫，在動與靜上面，他們都有主靜的傾向。但他們推重本體，卻不喜說「無善無惡心之體」之類的話，雖都有一點主靜的傾向，但並不虛無，整體而言，仍守儒者的法度矩矱。還有一點是他們都嚴以律己，他們主張的良知學，是一套比較內斂又嚴謹的哲學。這是為什麼當後來的部分王學被譏成「猖狂」之後，許多學者認為是他們維繫了陽明學真精神，而引起《明儒學案》所說的：「陽明之道，賴以不墜」了。

但如只從江右的路數去了解陽明，也必然受到局限，因為陽明學那種開放、拓展的積極面，在他們身上不太見得到，這也是江右之學的困頓之處。

三、泰州學派的「萬物一體」

下面要談王學裡面一個很特別的「門派」，也就是《明儒學案》裡列入〈泰州學案〉中的人物，一般人把他們稱作「泰州學派」。

黃宗羲把陽明死後的一些門派都稱作「某處王門學案」，譬如「浙中王門學案」、「江右王門學案」、「南中王門學案」、「北方王門學案」等的，只泰州直接稱「泰州學案」，沒有在地名後加以「王門」字樣，是比較特殊的。浙中、江右都是地名，學案中的王門弟子，大多是該地區的人（弟子中也有不是該地區的人，但數量不算多），所以稱某地王門是可以的。泰州也是地名，在今江蘇省揚州附近，地區比起江右、浙中要小多了，此派中的王艮父子及不很重要的王棟（一庵）是泰州人，其餘沒一個人是泰州人，之所以以此稱之，是聲氣結合的緣故，所以不能以地名來涵蓋此派。其次是此派中人，大多人不說沒拜過陽明為師，甚至一生沒見過陽明（大多數是因為其生也晚），說他們是王門也有些牽強，所以就不稱他們為王門了。

但這一學派很有特色，當時常受輕忽，但現在看來十分重要。

說起特色，要知道不論是江右王門或浙中王門，裡面的代表幾乎都是有頭有臉的大人物。他們均是正式科舉出身，十分之八九有進士的名銜，有的做過很高的官，稍次也是國家中級以上的官員，說起來，都是有身分的人。陽明本身也出生在知識分子的環境之中，這些門下弟子，說他們是國家的棟樑，社會的中堅是毫無疑問的。而泰州學派的這一群人，大多不出生在這麼好的環境之中，他們之中很少有好的學歷，甚至沒有學歷，因為沒有學歷，自然也沒官可做，與前面的那群顯赫的官員或知識分子比較，泰州一派的人物出身較低下的階層，身上帶有草莽氣息，就顯得十分特殊了。

他們因沒有太深厚文化的素養，進不到社會的高層，當然也比較不受既有禮教的束縛，對他們言，這也是好處，因為他們沒有了文化或知識上的負累，「走起來」、「跑起來」就可以更猛、更快。這些人也對陽明的良知學感興趣，雖然一知半解，但行動快速，二話不說的就把老師所教的良知「致」了起來，並且又照「知行合一」那一套「行」了起來。「知」得是否正確，「行」的是否妥當，他們都不管，對他們而言也都不是問題，光是這「生猛」力道，在其他知識分子身上是看不到的，這是他們的特色。

要說他們很重要，是因為誰也沒料到，他們把一套本屬學術領域的東西，拿到社會上「使用」起來了，這不論從思想史或社會史的角度來看，都是不可思議的事。陽明本人就說過：「與愚夫愚婦同的，是謂同德；與愚夫愚婦異的，是謂異端。」可見陽明本意是想把他的良知學推向社會的。這社會不見得是傳統知識分子的社會，而是真正社會上的眾人，可能更傾向現代人所說的普羅大眾，這可由陽明於平定亂事之後在各處推行「鄉約」與「社學」看出來，真能把握陽明這一精神的是泰州學派的人。

說起泰州人物，第一個當然是王艮。王艮（1483-1541），字汝止，號心齋，泰州安豐鄉人。王艮家貧，在家鄉與父親靠做鹽丁為生（泰州產鹽，當時稱燒灶煮鹽者為鹽丁，也稱灶丁），王艮沒有正式讀過書，僅靠自學，粗通章句，有一次聽家鄉一個塾師說王陽明在江西講學，王艮請他說多一點，竟發現陽明的主張與自己平日所想有「暗合」之處，便謀去會見陽明以求印證。《明儒學案》記這段事很傳神：

> 時陽明巡撫江西，講良知之學，大江之南，學者翕然信從。顧先生（心齋）僻處，未之聞也。有黃文剛者，吉安人而寓泰州，聞先生論，詫曰：「此絕類王巡撫之談學也。」先生喜曰：「有是哉？雖然，王公論良知，艮談格物。如其同也，是

天以王公與天下後世也；如其異也，是天以艮與王公也。」即日啟行，以古服進見。至中門舉笏而立，陽明出迎於門外。始入，先生據上坐。辯難久之，稍心折，移其坐於側，論畢乃嘆曰：「簡易直截，艮不及也。」下拜自稱弟子。退而繹所聞，間有不合，悔曰：「吾輕易矣。」明日入見，且告之悔。陽明曰：「善哉，子之不輕信從也。」先生復上坐，辯難久之，始大服，遂為弟子如初。陽明謂門人曰：「向者吾擒宸濠，一無所動，今卻為斯人動矣。」

王艮直來直往，不輕信又不輕從，敢是敢非，這種來自草莽的執著性格，沒有任何鄉愿的習氣，是陽明欣賞的；而陽明之學，在平易之中越見高深，也是王艮所感動的，所以就結為師生了。

王艮受到陽明接納與肯定，有點像六祖惠能在禪宗裡的象徵作用，儒學走入社會、走入群眾，好像從此開始了。《陽明年譜》記此，說當時王艮還不叫王艮，而叫王銀，王銀在跟陽明辯難一整天之後，最後心悅誠服的說「吾人之學，飾情抗節，矯諸外；先生之學，精深極微，得之心者也」，便拜陽明為師。當拜完師之後，陽明做了另一件事，《年譜》寫道：「先生易其名為『艮』，字以『汝止』。」

艮是八卦中的一卦，與震卦相對，其象為止，《序卦》曰：「震者動也。物不可以終動，止之，故受之以艮，艮者止也。」止是停下來的意思，陽明為他改名，一是要他改掉凡事衝動的毛病，要他凡事都要停下來先想一想，其次通過改名，試圖將王艮心所嚮往的成就由世俗層面提昇而成為文化層面。

王艮的學問很簡單，他在見陽明之前，已有「淮南格物說」了，發明他對《大學》「格物」的看法。《明儒學案》述其大旨曰：

先生以格物即物有本末之物。身與天下國家一物也，格知身之為本，而家國天下之為末。行有不得者，皆反求諸己，反己是格物的工夫，故欲齊、治、平、在於安身。《易》曰：「身安而天下國家可保也。」身未安，本不立也。知安身者，則必愛身、敬身，必不敢不愛人不敬人。能愛人敬人，則人必愛我敬我而我身安矣。一家愛我敬我則家齊，一國愛我敬我則國治，天下愛我敬我則天下平。故人不愛我，非特人之不仁，己之不仁可知矣。人不敬我，非特人之不敬，己之不敬可知矣。此所謂淮南格物也。

王艮的格物說，有兩個特點。其一是將自程、朱以來格物指向外追求客觀知識做了一過的逆轉，而指向個人，指向內心，所謂「行有不得者，皆反求諸己」，即是指此而言者。其次，《大學》八目各有重點，而其極終目標是「治國、平天下」，但王艮卻以為「身未安，本不立也。知安身者，則必愛身、敬身，必不敢不愛人不敬人」；「能愛人敬人，則人必愛我敬我而我身安矣。一家愛我敬我則家齊，一國愛我敬我則國治，天下愛我敬我則天下平」。而人之不愛我不敬我，完全是因自己不堪被愛被敬的緣故。所以他解《大學》八目，除了認定它的一貫性之外，還將它的重點放在齊、治、平之前的安身上面，而又說「反己是格物的工夫」，黃宗羲說他的格物說是：「格知誠意之為本，而正修治平之為末」；而安身即指安心而言。

這個說法，大致而言是與陽明相合的。陽明將格物釋作力行，而致知則解釋作致良知。良知既致，則意誠心正，此後身修、國治、天下平便不是難了。有人問「格」之義，王艮曰：

> 格如格式之格，即絜矩之謂。吾身是個矩，天下國家是個方，絜矩則知方之不正，由矩之不正也。是以只去正矩，卻不在方上求，矩正則方正矣，方正則成格矣，

故曰物格。吾身對上下前後左右是物，絜矩是格也。其本亂而末治者否矣，便見絜度格字之義。格物，知本也，立本，安身也，安身以安家而家齊，安身以安國而國治，安身以安天下而天下平也。

他以「絜矩之道」，解釋《大學》格物，陽明亦作過類似說法，《傳習錄》記：

問格物。先生曰：「格者，正也。正其不正，以歸於正也。」

在王艮而言，格物即是「知本」，知本即指一切大事業如治國平天下事，必須從己身細微處作起，即知即行，知行合一，與陽明良知說最為相近，故劉蕺山極力稱道，以為：「先儒格物之說，當以淮南為正。」心齋的「格物說」還有另一個特點，即是事無所大小，治國平天下不見得比修身更為重要。因為在他看來，所謂大小事，其實只是一件事。他曾說過：

「身與天下、國、家一物也。」又說：「隱居以求志，求萬物一體之志也。」所謂「萬物一體」是王艮最原始又根本的觀念，這點與陽明的主張亦無太大不同。陽明也曾說過類似的話，王艮的「萬物一體」，強調的是「一體」的觀念。所謂萬物一體，是指格致乃至平天下只是一件事。換個角度言，「我」是「天下」的一小部分，但欲平天下必自修身作起，所以在「我」並不小，甚至可以說「我」即「天下」。這是解釋「萬物一體」的另一種方式。陽明的說法與此略有差別。陽明說「仁者以天地萬物為一體，使有一物失所，便是吾仁有未盡處」，強調的是小我在大我中的重要。雖然與王艮的說法有異，但趨勢是相同的，都是強調在治國平天下的「大宇宙」中，「小宇宙」是不可或缺的，而且這個「小宇宙」，在王艮上面看，可以與「大宇宙」相等的。「我即天下」，以王艮而言是可以成立的。

王艮雖沒正式讀過書，但對知識感受力很深，陽明的說法，他往往有很獨特的體會，有時發人所未發，也值人反省。他有〈樂學歌〉，強調快樂學習的重要，歌是：

人心本自樂，自將私欲縛。私欲一萌時，良知還自覺。一覺便消除，人心依舊樂。樂是樂此學，學是學此樂。不樂不是學，不學不是樂。樂便然後學，學便然後樂。樂是學，學是樂。嗚呼，天下之樂，何如此學？天下之學，何如此樂？

可見他學習的宗旨與態度，下手簡易、操持有恆，積極奮發、快樂進取。陽明居越時，他也偶爾從家鄉前來，與王畿、錢德洪等人熟稔；有時也在陽明座下，擔任教授師（助教）的職務，但時間都不長。對王艮而言，陽明給他的啟發很大，確實是他的恩師，而對陽明來說，這位來自不同領域又意氣太高、行事太奇的學生，給自己的啟發與反省也很多，但兩人之間，因氣質與學養之不同，衝突也時有發生。《明儒學案》記錄了他們之間的衝突：

（王艮）歸家，遂自創蒲輪，招搖道路。將至都下，有老叟夢黃龍無首，行雨至崇文門，變為人立。晨起往候，而先生適至。當是時，陽明之學，謗議蜂起，而先生冠服言動，不與人同，都人以怪魁目之。同門之在京者勸之歸，陽明亦移書責之。先生始還會稽，陽明以先生意氣太高，行事太奇，痛加裁抑，及門三日不得見。陽明送客出門，先生長跪道旁，曰：「艮知過矣。」陽明不顧而入，先生隨至庭下，厲聲曰：「仲尼不為已甚。」陽明方揖之起。

當然王艮過分招搖，引起陽明「痛加裁抑」，而王艮後來的悔過自新加上厲聲的說

「仲尼不為已甚」，也使陽明反省自己的行為可能有過當的地方，可見雙方都在衝突中試圖調節與修正，這對彼此的成長是都有幫助的。

王艮的兒子王襞（1511-1587），字宗順，號東崖，善講學，也喜結交，態度親和，又樂觀積極，他從小被父親帶在身邊，也師事陽明的弟子如王畿、錢德洪等人，他的父親跟他於陽明死後，在泰州講學，也常往來山陰之間，他的門弟子品類更是繁雜，大多數都很有自信也很有作為，他們把王學的社會影響力發揮到極致。

光是《明儒學案》中寫的，泰州這一派的後學人物就還有樵夫朱恕、陶匠韓貞、遊俠式的人物顏鈞與何心隱，又有似僧似道的人物鄧豁渠、方與時，還有讀書不進、鬱鬱以死的儒生程學顏等人，他們散在社會的基層，往往對陽明之學有興趣，彼此討論辯證，也往往有所得，也會影響周圍的人群，但他們的影響方式與結果，又與傳統知識分子不同。可惜的是，他們與他們周圍的人不喜也不善著述，正統的學者又瞧不起他們，以致所留下的資料不多，後人難以研究這一派在當時社會的具體作用。

四、「何獨於人而異之？」

被歸為泰州派有一人，名叫羅汝芳，他算是個大人物，當時就很有名，學生也多，他是嘉靖三十二年進士，本身是個知識分子，做過太湖縣知縣與刑部主事等官，算是有功名與著作的人，大約與王艮的民間學生顏鈞有過很密切的相從關係，便將之放在「泰州學派」之中。

羅汝芳（1515-1588），字惟德，號近溪，江西南城人，嘉靖三十二年進士。早年讀薛文清（瑄，明初儒者）語，謂「萬起萬滅之私，亂吾心久矣，今當一切決去，以全吾澄然湛然之體」。便置水鏡几上，對之默坐，使心與水鏡無二。久之病心火，見一僧寺見有救心火字樣，以為名醫，一經探訪，才知是顏鈞在講學。顏鈞（1504-1596）號山農，是王艮的傳人之一，本身是江西吉安人，與羅汝芳是同鄉。羅告以心病事，顏說：「是制欲，非體仁也。」告以孟子之論「四端」之說，言：「知皆擴而充之，若火之始燃，泉之始達，如此體仁，何等直截。故子患當下日用而不知，勿妄疑天性生生之或息也。」便以顏鈞為師，盡受其學。

羅汝芳曾出入二氏，早年是個亦儒亦佛的人物，但他簡易親和，語言姁姁，人不分畛域，都喜與之結交。他最得力的還是儒家經典，如《大學》、《中庸》等的，他的語錄《盱壇直詮》裡談的事以《大學》居多。他晚年得罪張居正退休林野，講學各處，只要遇到他老師顏鈞，都事之以弟子禮，不離左右之外，一茗一果，必親進之。諸孫以為勞，他卻說：「吾師非汝輩所能事也」，其恭謹如此。《明儒學案》有段形容羅汝芳的文字，說得極好：

> 先生之學，以赤子良心、不學不慮為的，以天地萬物同體、徹形骸、忘物我為。此理生生不息，不須把持，不須接續，當下渾淪順適。工夫難得湊泊，即以不屑湊泊為工夫，胸次茫無畔岸，便以不依畔岸為胸次，解纜放船，順風張棹，無之非是。

「以赤子良心、不學不慮為的」，指的是以良知為核心，而「不須把持，不須接續，當下渾淪順適」與下面的「解纜放船，順風張棹」就好像不是儒家所稱道的了，比較接近佛教的捨棄、道教的放開哲學。但此說甚切合羅汝芳。羅氏以儒家為根本，但他強調自然，不喜拘謹，也隨時不放棄融會三教的努力。

羅汝芳善於體會人間的善良，而且他會用這種善良來統攝人性，這種善良是超越「三教」的。他的根本是陽明的良知學，他的良知是發自人性之至誠，管他是佛是道，都一體適用，所以他從不斤斤於儒、佛之別，他也從不與人針鋒相對，態度也不會因理勝而咄咄逼人。他極善說話，他的話都親切動人，當時的人都說，龍溪（王畿）筆勝舌，近溪（羅汝芳）舌勝筆，讀書如看他的語錄就會了解。有一次與人談「孔門恕以求仁」，友人問他如何致力？他說：

> 方自知學，及泛觀蟲魚，愛其群隊戀如，以及禽鳥之上下，牛羊之出入，形影相依，悲鳴相應，渾融無少間隔，輒惻然思曰：「何獨於人而異之？」後偶因遠行，路途客旅，相見即忻忻，談笑終日，疲倦俱忘，竟亦不知其姓名。別去，又輒惻然思曰：「何獨於親戚骨肉而異之？」噫！是動于利害，私于有我焉耳。從次痛自刻責，善則歸人，過則歸己，益則歸人，損則歸己，久漸純熟，不惟有我之私，

> 不做間隔，而家國天下，翕然孚通，甚至髮膚不欲自愛，而念念以利濟為急焉。三十年來，覺恕之一字，得力獨多也。

恕即是推己及人，曾子曾說：「夫子之道，忠恕而已矣。」別人講恕字，一臉正經八百，一定說哪些應戒絕，哪些該做到。但羅汝芳不同，他從極小的地方舉例，說大自然的禽鳥蟲魚都曉得「群隊戀如、悲鳴相應」，為何人卻心生阻隔，彼此防範呢？在旅途我們會放開心胸，與素不相識、偶爾相遇的人談天說地，「見即忻忻，疲倦俱忘」，為何對自己的親戚骨肉卻往往不是如此呢？他的例子舉的極好，因為是每個人都有過的經驗，用字優美之外，態度又極委婉誠懇，話一經他口說出來，便不是一般的道德的說教，變成了美與善經驗的分享了，我甚至覺得，他的語錄可以當文學來教的，讀者有興趣，可以找他的語錄來看。

泰州學派被認為學派是後世人的認定，當事者並不知道，當時他們並沒有組織，被視為一派的人，彼此意見也不見得很一致。大致而言，其中人物都不是正統學者出身，他們的良知學，也不很純粹，有些夾雜著二氏之學，《明儒學案》批評他們說：「陽明先生之學，有泰州、龍溪而風行天下，亦因泰州、龍溪而漸失其傳。泰州、龍溪時時不滿其師說，益啟瞿曇之祕而歸之師，蓋躋陽明而為禪矣。然龍溪之後，力量無過於龍溪者，又得江右為之救正，故不至十分決裂。泰州之後，其人多能以赤手搏龍蛇，傳至顏山農、何心隱一派，遂復非名教之所能羈絡矣。」

這段批評很有名，幾乎所有研究明代思想史的人都會引用到，但裡面不是有問題存在的。黃宗羲等於把王畿、王艮都視為躋陽明而為禪的人，王畿是，王艮絕不是，但王艮之後，這派人很多都出入二氏無所忌諱，也是事實。這一派把王學的積極奮發的作用發揮出來了，也把原本在知識殿堂的良知學，發展到民間社會，建立了另一領域的「陽明學」，有貢獻，當然也有些破壞作用，不能只用一句話來斷定。

第九講

一、「道理不行，聞見不立」
二、陽明的高邁處
三、陽明死後的爭議
四、清以後的陽明學發展

一、「道理不行，聞見不立」

陽明眼識高、氣量大，門下容得下各式人等，當然裡面正面的人居多，但也有如黃宗羲所說「赤手搏龍蛇」、「掀翻天地」之人，對陽明學的發展，有的做出貢獻，有的也造成傷害。

正在陽明死後爭議不斷，聲譽也起落不定的時候，知識界又出了一個更有爭議的人物，便是李贄（1527-1602）。李贄原名載贄，字宏甫，號卓吾，福建泉州晉江人。泉州古稱溫陵，故他又有李溫陵之號。李贄出生不久，陽明就死了，泉州沒什麼有名的學者，因此他早期與陽明幾乎沒有任何關係。

但他長大到外地，結識了王艮（心齋）的兒子王襞（東崖），並以師稱之，算是正式成為陽明後學一員了。但王襞的父親王艮雖是陽明大弟子，在陽明門下的時候卻不很多，偶爾帶兒子到山陰，見過陽明，也曾要他受教於王畿與錢德洪，細節並不太清楚，但關係大約僅止此。李贄要是與王艮的兒子王襞有這層關係，便不可謂與陽明學無涉，但與陽明學本身的關係是不算深的。泰州學派組成分子便十分複雜，據日本學者岡田武彥研究，泰州學派裡面有平實派、容禪派、氣節派與曠達任誕派等的，據他分析，李的老師王襞是曠達任誕派，而李贄則與顏鈞、何心隱、耿定理等一樣屬於氣節派（見岡田武彥《王陽明與明末儒學》），都多少有點容禪，不見得都是真正的禪，而是類禪的頓悟，其實岡田說的這兩派是為說明源流硬分出來的，其中的差異不很大，泰州後學的氣節派也多有任誕的成分。

譬如李贄曾被當時的主流社會視為異端，李贄說：「彼以異端視我，我便以異端成彼豎子之名。」（《焚書．與曾繼泉》）就乾脆更為自居異端了。這種語言與行徑，令我們不得不想起陽明也說過：「與愚夫愚婦異的，是謂異端。」而陽明是站在「愚夫愚婦」這一邊的，所以自認為不是異端，但以世人眼中，卻又是異端。說起來有點弔詭，但陽明並不以為忤。

李贄對中國傳統學術，有自己一套解釋，與前人與時賢之說往往不苟同，他曾與他朋友耿定向辯論，在〈答耿中丞〉書中說：

> 此公所得於孔子而深信之以為家法者也。僕又何言之哉！然此乃孔子之言也，非我也。夫天生一人，自有一人之用，不待取給於孔子而後足也。若必待取足於孔子，則千古以前無孔子，終不得為人乎？

請看這段話，與陽明〈答羅整庵少宰書〉中所言無異，陽明說：「夫學貴得之心，求之於心而非也，雖其言之出於孔子，不敢以為是也，而況其未及孔子者乎！求之於心而是也，雖其言之出於庸常，不敢以為非也，而況其出於孔子者乎！」如將兩段語言作比較，意見相似之外，連語氣也十分接近，證明李贄與陽明的思想在反傳統一面是非常相同的。

李贄之於陽明不同，在於李贄更勇於打破思想上的框架與偶像。他在著名的〈童心說〉中有段話：

> 夫六經、《語》、《孟》，非其史官過為褒崇之詞，則其臣子極為讚美之語。又不然，則其迂闊門徒、懵懂弟子，記憶師說，有頭無尾，得後遺前，隨其所見，筆之於書。後學不查，便謂出自聖人之口也，決定目之為經矣。孰知其大半非聖人

之言乎？縱出自聖人，要亦有為而發，不過因病發藥，隨時處方，以救此一等懵懂弟子、迂闊門徒云耳。藥醫假病，方難定執，是豈可遽以為萬世之至論乎？然則六經、《語》、《孟》，乃道學之口實，假人之淵藪也，斷斷乎其不可語於童心之言明矣。

這段「毀聖棄經」之言論，如「六經、《語》、《孟》，乃道學之口實，假人之淵藪也」這樣的話，不但陽明絕不會說，陽明大弟子就算龍溪（王畿）、心齋（王艮）及《明儒學案》所說的「非名教之所能羈絡」的泰州後學也不敢言的，可見李贄把王學中最狂放、最自我的一派思想，發揮得更為大膽，更為淋漓盡致。

李贄對陽明的良知主張是完全贊成的，他曾編輯過《陽明先生道學鈔》八卷，極為稱揚陽明的「致良知」之學，他又主張「穿衣吃飯即是人倫物理，除卻穿衣吃飯，無倫物矣」，調道德與知識產生在習常之間，又與陽明的「心無體，以天地萬物之感應之是非為體」（《傳習錄》下，黃省曾錄）的說法很接近。但李贄跟陽明還是有很大的不同，譬如他在政治上比較主張黃老的「無為」之治，某些地方卻又主張要利用人之「勢利之心」以圖治，因為自私自利是人的天性，他曾說過：「雖聖人不能無勢利之心。」又說：

「勢利之心亦吾人稟賦之自然。」（《道古錄》卷上），這些話就比較接近韓非或法家的說法了，陽明雖主張明德必在親民相近，但陽明從未講過要發揮人性之「勢利之心」的，更不敢說聖人不能無勢利之心這樣的話了，李贄在用字遣詞方面，無疑比陽明更為大膽，而思想上，更敢激烈超越，尤其對傳統儒家而言。

另外李贄對文學也有一套獨特的見解，他在〈童心說〉中曾說：

> 天下之至文，未有不出於童心焉者也。苟童心常存，則道理不行，聞見不立，無人不文，無一樣創制體格文字而非文者。詩何必古選？文何必先秦？降而為六朝，變而為近體，又變而為傳奇，變而為院本，為雜劇，為《西廂曲》，為《水滸傳》，為今之舉子業，皆古今至文，不可得而時勢先後論也。

他在湖北黃安講學，張揚此道，上述這段文字啟發了「公安三袁」（袁宗道、袁宏道、袁中道）所引起的性靈文學運動，在晚明文學界造成很大的作用，這一點也是陽明所無的。還有李贄提倡男女平等，是中國歷史上極重要的女權伸張者，他講學時，歡迎女子前來聽講。他有〈答以女人學道為見短書〉，書中有言：

故謂人有男女則可，謂見有男女，豈可乎？謂見有長短則可，謂男子之見盡長，女人之見盡短，又豈可乎？

這些都是李贄的特色，他異軍突起，不與人同，當然緣自其獨特的個性，有時也不免有特別唱高調以求與人區別之嫌。他對歷史的詮釋，也往往有其唱反調的獨見，譬如他把文君夜奔相如，視作善擇佳偶，他又把五代時馮道歷事四姓十二君的事，視為目的在安養百姓（均見李贄《藏書》），都有不同於一般史書的判斷，這是因為他有平等的精神，又有叛逆的性格，在當時引起不少爭議，但現在想來，確實為知識界開闢了另一片全新的視野，也是有貢獻的。

黃宗羲曾論陽明之學凡經「三變」，說陽明自龍場居夷處困，動心忍性之後進入第三變，說他：「自此之後，盡去枝葉，一意本原，以默坐澄心為學的，有未發之中，始能有發而中節之和，視聽言動，大率以收斂為主，發散是不得已。」黃宗羲以為陽明後期的學問在「收斂」而非「發散」，因而主張「陽明一生精神俱在江右」的比較保守的看法。照這個看法，李贄所承的陽明精神，到老到死似都在「發散」一途，當然與黃宗羲的意見是很有距離的。黃與明末清初的學者如顧炎武、王夫之等相同，對李贄的「猖狂」或「肆無忌憚」很不以為然，雖知道李的主張與行為，是陽明一派之流亞，對晚明學術與社會有一定的作用與影響，卻在《明儒學案》的正文上，從不提起李贄這名字，好像此人不存在一樣。

李贄文筆口才辯給，一生講學，深受當時歡迎，由於議論新奇，語言尖銳，在社會引起很大關注與討論，著書一掛其名便保證暢銷，因此坊間所鬻，真偽相參，而所到之處，往往萬人空巷。但他以異端自居，行跡不避峻險，得罪當道，也為正統學者所不容，著書多被燼燬，人也常被凌辱，說起來也是狼狽不堪。後來在北京附近因案被拘，在獄中自殺身亡，結束了離奇的一生。

陽明之後幾個學派，裡面出了幾個人物，算起來都很特殊，因時間因素，不能細談了。

二、陽明的高邁處

陽明學本身具有一定的革命力與破壞力，要知道一般人比較安於現實，是不很贊成革命的，所以抱著傳統的人，對陽明的主張很不能適應。請想想，前面引用過的陽明所說「泰山不如平地大」，強調平地比泰山還高還大，豈不在否定一切既有的權威嗎？又說不要以聖人的言語與人講學，要「須做得個愚夫愚婦，方可與人講學」，言下之意，豈不有毀棄黃鐘大呂而自居下里巴人的意味嗎？那麼，被堆放在極高位置的聖人聖學豈不也一律在排斥之列？這是多麼險峻的行徑！

陽明並不是不知道，他本身就有叛逆的性格。在《傳習錄》裡有一段寫陽明與弟子對談的場面，與談的學生有薛尚謙（侃）、鄒謙之（守益）、馬子莘（明衡）、王汝止

（艮）等人，談的主題是「因嘆先生自征寧藩以來，天下謗議益眾，請各言其故」。大家說了不少緣由。陽明聽了後說你們說得都對，只是有一理由你們並不知道，陽明說：

> 我在南都以前，尚有些子鄉愿的意思在。我今信得這良知真是真非，信手行去，更不著些覆藏。我今才做得個狂者的胸次，使天下之人都說我行不掩言也罷。

這段說的很有趣，陽明說之前自己還有點鄉愿氣息，遇到爭議要做和事佬、打圓場，現在不顧這些了，乾脆做一個狂者的胸次，一是一、二是二，信手行去，不再覆藏了。他說這話時好像動了氣，他當然知道有很多不贊同他或反對他的人，但他也不願與之妥協，陽明的處境，一部分也是自己行為所造成，他一直到老，都還有些放縱任性的，他偶爾會豪賭式的使一下性子，不去管後果如何，舉例而言，他在平宸濠與後來廣西之役之後請辭，都在不待朝廷核准之下就直接離職走人，當然各有理由，但還是有任性的成分在。

但陽明學，當時確實能振動人心。黃宗羲《明儒學案》說陽明學成前有三變，學成後又經過三變，學成前三變是首先泛濫於辭章，繼則讀考亭之書無所得，出入佛、老，及居夷處困，動心忍性，忽悟格物致知之旨。學成之後，又盡去枝葉，一意本原，經默坐澄心為學的，這是第一階段。江右之後（平定南、贛之亂與宸濠後）專提「致良知」三字，默不假坐，心不待澄，得到的結論是「知之真切篤實處即是行，行之明覺精察處即是知」，無有二也。第三階段是居越之後，所操益熟，所得益化，黃宗羲說此時的陽明：「時時知是知非，時時無是無非；開口即得本心，更無假借湊泊，如赤日當空而萬象畢照。」梨洲之言，純從境界與氣象上言，不好把握，但下面這段話，說得十分具體，黃宗羲在〈姚江學案序〉中說：

有明學術，從前習熟先儒之成說，未嘗反身理會，推見至隱，所謂「此亦一述朱，彼亦一述朱」耳。高忠憲（攀龍）云：「薛敬軒、呂涇野語錄中，皆無甚透悟。」亦為是也。自姚江指點出「良知人人現在，一反觀而自得」，便人人有個作聖之路。故無姚江，則古來之學脈絕矣。

這話說得真好，讓人人都聽得懂、把握得住。高攀龍是明末東林書院的主持人，到東林時期，王學的巔峰時期已過，東林諸儒對「王學末流」也作過攻擊，所以此時的高攀龍對陽明的批評就更為可信了。他說薛敬軒與呂涇野的語錄中「皆無甚透悟」，薛敬軒就是薛瑄，呂涇野就是呂柟，是陽明之前很有聲望的大儒，而陽明的良知學，指出良知每人都存在，只要「反觀」就自得了，使人人有條作聖之路可走。所謂作聖，是人皆可以為堯舜，而「人人」則指涉更廣，作聖不只讀書人才可，是沒讀書或不讀書的人都可以做到的，這使得中國傳統最高的理想「做聖人」，不僅限於讀書人，更向眾人邁進一大步，連一般人都可以做到，這是陽明學更高邁的精神，也是他對中國思想界的巨大貢獻。

三、陽明死後的爭議

下面來談一談陽明死後的爭議。

陽明學在學理上比較簡單，只一句話可涵蓋，叫「致良知」，這良知藏在人心，不假外求，但要如何發現，如何「致」它出來，卻也大有玄機在，良知僅一事而已，而說法就可能有萬端，陽明在時，有請益的老師在，所以不致發生太大的問題，而陽明死後，不同派別的學生各有爭議，因屬平輩，彼此也不太可能妥協了。

再加上陽明本身是個多方面的人，他早年曾出入「二氏」，雖然後來屢次申明自己儒家的立場，但事理說到緊要處，偶爾還是用了一些傳統儒家不太使用的語彙或方式，譬如他晚年揭示的「四句教」，其中「無善無惡心之體」就是例子，嚴格說來，以「無」來釋「有」，是宋以前的傳統儒家不曾有過的，周敦頤有「無極而太極」的說法，是說有生於無，但不是說有即為無，陽明說出後，有些大弟子禮貌的表示懷疑，但陽明對這句話似很堅持，後來因忙於平亂，卻也沒空作較細的說明，隔了一年，陽明就死了。陽明死後，這句不很清楚的話引發出來的不同解釋就多了，贊成一方與不贊成一方往往各執一詞，開派立宗，黨同伐異，形成了同門之間的爭議。

贊成一方當然是浙中王門中的王畿，和同門中一群思想比較傾向混同儒釋的學者，包括萬表（鹿園）、張元忭（陽和）等人，也包括泰州學派中的羅汝芳、周汝登（海門）、陶望齡（石簣）等人，不很贊成陽明此說的以江右王門諸學者為主，如鄒守益、歐陽德、羅洪先等人，但所見也不是那麼統一，如聶豹、鄒元標等對佛學有認識的學者，對此也不見得必然徹底反對。

陽明死後，眼見一派揭良知而行、亦儒亦佛的人物言行過於猖狂，引起反對聲也越來越大。萬曆年代學者楊時喬（1531-1609）極厭惡陽明，對羅近溪（汝芳）的亦儒亦禪更指控歷歷，《明史．楊時喬傳》記其上疏劾羅文曰：「佛氏之學，初不溷於儒。乃汝芳假聖賢仁義心性之言，倡為見性成佛之教，謂吾學直捷，不假修為。於是以傳注為支離，以經書為糟粕，以躬行實踐為迂腐，以綱紀法度為桎梏。逾閑蕩檢，反道亂德，莫此為甚。望敕所司明禁，用彰風教。」可見社會上下，對羅汝芳此派的反應相當嚴重。到晚明東林學派成立，對王學中猖狂的人士撻伐變得更為猛烈，一直到劉宗周，他堅決認為陽明不該說「無善無惡心之體」這句話，劉宗周又影響到他的學生黃宗羲，以致他們都以江右王門為陽明學的正宗，理由就是他們修持嚴謹，一點都不猖狂。黃宗羲在《明儒學案．江右王門學案序》中說：「是時越中（浙中）流弊錯出，而江右獨能破之，陽明之道賴以不墜。」可見陽明後學，雖來自同門，有些對陽明說過的「無善無惡心之體」，視之猶如水火。

這只是陽明學學者內部的爭議，已經十分強烈了，外面的爭議更是不斷。陽明死在回鄉路途，靈柩從南安剛運到山陰，朝廷就發出「爵廕贈諡諸典不行，且下詔禁偽學」（見《年譜》）的命令，這當然緣自朝廷以桂萼為首的許多大臣的建議，遠因是朝廷的政爭，之前的大學士楊廷和與兵部尚書王瓊不合，連帶使陽明受累，大臣之間有很多人對陽明的功績有忌憚之心，陽明一死，做過吏部尚書的桂萼上書中說：「守仁事不師古，言不稱師。欲立異以為高，則非朱熹格物致知之論，知眾之不予，則為《朱熹晚年定論》之書。號召門徒，互相倡和。才美者樂其任意，庸鄙者借其虛聲。傳習轉訛，背謬彌甚。但討捕畬賊，擒獲叛藩，功有足錄，宜免追奪伯爵以章大信，禁邪說以正人心。」帝乃下詔停世襲，卹典俱不行。（據《明史》本傳）這是當時官方對陽明的處置，以對朝廷著有功勳的陽明而言，確實不堪極了。

但像這樣爭議在陽明死後從未停過，也有不少人，尤其是幾個陽明在朝的弟子如時任詹事府詹事的黃綰、給事中周延等人，也不斷上書為陽明平反冤屈，恢復名譽，其中以黃綰出力最大。黃綰（1480-1554），字宗賢，一字叔賢，是陽明的弟子，也是陽明的姻親，黃綰之女為陽明子正億之妻（但陽明並不知有這段婚事，因為陽明死時，正億尚稚齡未婚）。雖經黃綰等人極力辯駁，北方朝廷反陽明的暗勢力還是很強，最後還是不敵。

據關於陽明的《年譜附錄》所載，陽明死後四年，記：「編修歐陽德、程文德、楊名在翰林，侍郎黃宗明在兵部，戚賢、魏良弼、沈謐等在科，與大學士方獻夫俱主會。於時黃綰以進表入，洪、畿以趨廷對入，與林春、林大欽、徐樾、朱衡、王惟賢、傅頤等四十餘人始定日會之期，聚於慶壽山房。」可見在京師，擁陽明的勢力也是有的，而由文中有「始定日會之期」看來，弟子同志的聚會是定期的，也有一定的數量，作用與影響當然不可小看。

此後陽明弟子同志之會機會越多，地方也從京師擴展到南京與其他多處了。自陽明死後，全國興起了很多的祠堂、精舍乃至書院，以做紀念陽明與講學的基地。據《年譜附錄》所記，自嘉靖九年到嘉靖四十三年，三十餘年間的設立如下：

嘉靖九年五月，門人薛侃建精舍於天真山，祀先生。
十三年正月，門人鄒守益建復古書院於安福，祀先生。
三月，門人李遂建講舍於衢麓，祀先生。
五月，巡按貴州監察御史王杏建王公祠於貴陽。
十四年巡按直隸監察御史曹煜建仰止祠於九華山，祀先生。
十五年巡按浙江監察御史張景、提學僉事徐階重修天真精舍，立祀田。
十六年十月，門人周汝員建新建伯祠於越。
十一月僉事沈謐建書院於文湖，祀先生。
十七年，巡按浙江監察御史傅鳳翔建陽明祠於龍山（餘姚）。
十八年，江西提學副史徐階建仰止祠於洪都（南昌）。
同年吉安士民建報功祠於廬陵，祀先生。
十九年，門人周桐、應典等建書院於壽岩（浙江永康）。
二十一年，門人范引年建混元書院於青田，祀先生。
二十三年，門人徐珊建虎溪精舍於辰州，祀先生。
二十七年八月，萬安同志建雲興書院，祀先生。

九月門人陳大倫建明經書院於韶，祀先生。
二十九年正月，吏部主事史際建嘉義書院於溧陽，祀先生。
四月，門人呂懷等建大同樓於新泉精舍，設陽明像，合講會。
三十年巡按貴州監察御史趙錦建陽明祠於龍場。
三十一年，提督南贛都御史張烜建復陽明王公祠於鬱孤山（江西贛州），又建復陽明王公祠於南安。
三十二年，江西僉事沈謐修復陽明王公祠於信豐縣。
三月，改建王公祠於南康。
四月，瑞金縣知縣張景星請建王公報功祠。
六月，崇義縣知縣王廷耀重修陽明王公祠。
三十三年，巡按直隸監察御史閭東、寧國知府劉起宗建水西書院，祀先生。
三十四年，歐陽德改建天真仰止祠。
三十五年二月，提學御史趙鏜修建復初書院，祀先生。
五月，湖廣兵備僉事沈寵建仰止祠於崇正書院，祀先生。
四十二年八月，提學御史耿定向、知府羅汝芳建志學書院於宣城，祀先生。

四十三年巡按江西監察御史成守節重修洪都王公仰止祠。

這些書院、精舍、祠堂紛紛樹立，卻是在中央「學禁方嚴」的狀況之下進行的，建設很少出於政府之力，多是民間或地方官員所立，可見明代社會越到後來越是多元，而陽明學術也深契人心。嘉靖中葉之後，朝中反陽明勢力也慢慢退去，陽明弟子歐陽德、聶豹、李春芳、李遂等在朝廷得勢，再加上文臣兼有武功的一群官員如徐樾、唐順之、羅洪先對陽明一向崇服，東南三省總督胡宗憲，名將戚繼光、譚綸、翁萬達等，都是王學的支持者與擁護者。其中最有力的是嘉隆之際擔任首輔的徐階（1503-1583）與當時的戶部尚書耿定向，同心一致的努力，終至隆慶之初，朝廷又恢復了陽明的賞爵，並追謚文成，但距陽明之死，已是三十八年之後的事了。

最高的榮典是萬曆十二年（1584）在神宗命令下，陽明與陳獻章一起從祀孔廟，與早期的胡居仁、薛瑄為有明的僅有的四人之一。這事件對陽明而言算是很特殊，其他三人比較沒有爭議，而陽明的爭議一直是有的，因為他跟元、明以來兩代科舉的「國師」朱子唱了反調，他又說過不少被視為對孔子不敬的言語，譬如他在〈答羅整庵少宰書〉中說：「求之於心而非也，雖之言出自孔子，不敢以為是也，而況其未及孔子者乎！」

如此「叛逆」竟然得以從祀孔廟，有點讓人意外。當然要是陽明活著，也不見得在乎這一件事的，因為入祀的事，太政治化了，陽明是瞧不起的。但這消息也不是沒有意義的，等於是說，陽明在儒學的地位，在他死後終於得到朝野的肯定，其中尚包括正統且具地位的儒學家。

但這不表示陽明之學從此一帆風順步入坦途，陽明從祀孔廟的時代已進入「晚明」（史學家多將萬曆之後到明亡這一段時間稱作晚明），接下去中國遇上黃宗羲說的「天崩地解」的大動亂。「天崩地解」指的是明亡於清，但也指價值的大錯亂，明末清初的許多重要學者，對明亡於異族很覺悲痛，對明末人的價值錯亂也不能適應。

明亡的原因很多，大部分是政治、軍事或經濟上的，一般學者對那些都指責不了，就算指責了也沒效果，只有把大部分的責任推到知識分子身上了。顧炎武在抗清失敗後，提出「士大夫之無恥，是為國恥」的口號，他高舉「博學於文，行己有恥」的高纛來提倡新學術，把矛頭對準在陽明與陽明後學身上，說陽明主張現成良知，弄得讀書人「束書不觀，游談無根」，最後把國家都弄亡了，顧炎武、王夫之都是持這樣主張的人。

他們如以知識界輕視聞見之知來指責陽明，還可以說有些道理，但要是以明朝亡國的罪放在陽明身上，就大有問題了，陽明除了提出良知的心學，以與之前的理學相抗之外，他在中國思想史上，另闢思考的蹊徑，為眼見走入窮途的理學，注入了新的源頭活水，這事是有很大貢獻的。另外在事功上論，陽明一生平定了三個國家級的亂事，功業彪炳，做到了連孔孟都不見得做到的「內聖外王」，豈如一般讀書人只在書室徒呼救國而已？以明代亡國之責究陽明，其實是完全找錯了對象。

四、清以後的陽明學發展

下面再談談入清之後的陽明學發展。

綜觀清朝學術，陽明學是孤寂的，不過最代表清代學術之盛是乾、嘉兩朝（清初學術曾盛極一時，但可視為明代學術的延續流亞），乾嘉之學的精粹在考據學，朱子之學講的是義理，所以朱學在清代也是孤寂的，再加上清儒對前朝的學術，總有點瞧不起的心態，我們可舉一例來說明。我在第一講中曾說全祖望對黃宗羲推崇備至，曾舉《鮚埼亭集》的〈梨洲先生神道碑文〉，文中說：

> 公（黃宗羲）以濂洛之統，綜會諸家，橫渠之禮教，康節之數學，東萊之文獻，艮齋、止齋之經濟，水心之文章，莫不旁推交通，連珠合璧，自來儒林所未有也。

全祖望所舉的人物，不論濂洛（周敦頤、程顥、程頤）、橫渠（張載）、康節（邵庸）、東萊（呂祖謙）、艮齋（薛季宣）、止齋（陳傅良）、水心（葉適）等人莫不是宋人，全祖望是也談朱子的，但此文說黃宗羲之學集眾家之長，而眾家中連一點明儒或陽明的影子沒有，也確實匪夷所思，不要說《明儒學案》是黃宗羲最重要的著作，黃還說過：「有明學術，白沙開其端，至姚江而始大明。」又說：「故無姚江，則古來之學脈絕矣。」可見黃宗羲對陽明的推崇至高，亦可見全祖望對黃的評論，至少在此處是有問題的，由此可見清儒對明儒的看法是不很公允的。

清人不喜論心學，也不喜論理學，這點從顧炎武之學看出來，顧炎武反對宋之後的理學，曾說：「理學之名，自宋人始有之。古之所謂理學者，經學也。」又曾說：「愚不揣，……凡文不關六經之旨，當世之務者，一切不為。」當然心學在理學之後，他更是反對了。顧與王夫之對陽明甚至整個明代學術不僅無絲毫好感，有時甚至到了深惡痛絕的地步。顧曾說：「有明一代，囿於性理，汩於制義，無一人知讀古經注疏者。」王對明學更痛加撻伐。清初學者對明代極瞧不起，對宋學也不是那麼看得上，可說起源於顧炎武，但他們對宋學的批評不如對明學之強，但對宋學也很有選擇性，比較重視的是宋學中「疑經」或與跟文字訓詁有關的學問，大致都是偏向考據性的知識。

清初對王陽明有較公正評論的，除黃宗羲一派外，就數陸世儀（1611-1672）了。世儀字道威號桴亭，江蘇太倉人。他其實是宗朱學的學者，但對陽明也有看法，比較顧、王等人，有善意多了。他在他的《思辨錄．諸儒異學篇》有言：

陽明之學，原自窮理讀書中來，不然，龍場一悟，安得六經皆湊泊？但其言朱子格物之非，謂嘗以庭門竹子試之，七日而病。是則禪家參竹篾之法，元非朱子格物之說，陽明自誤會耳。蓋陽明少時，實嘗從事於禪宗，而正學工夫尚寡，初官京師，雖與甘泉講道，非有深造。南中三載，始覺有得，而才氣過高，遽為良知之說，自樹一幟。是後畢生鞅掌軍旅之中，雖到處講學，然終屬聰明用事，而少時之熟處難忘，亦不免逗漏出來，是則陽明之定論也。要之，致良知固可入聖，然切默打破敬字，乃是壞良知也；而致知亦豈能廢窮理讀書？然陽明之意，主於簡易直截，以救支離之失，故聰明者喜從之。而一聞簡易直截之說，則每厭窮理讀書之繁，動云：「一切放下」、「直下承當」；心粗膽大，祇為斷送一敬字，不知即此簡易直截之一念，便已放鬆腳根也。故陽明在聖門，狂者一之流，門人昧其苦心以負之耳。

他的說法不脫劉宗周或江右所主張，標舉慎獨居敬那一套，但在清初，陸世儀對陽明學算是有較公平的議論。但之後，像他這樣的言論就都再也沒有了。

可以說有清三百年，王學是沉寂的，王學在中國有「復燃」之勢，是到了近代。在晚清，梁啟超就公然提倡過陽明學，後來的革命家孫中山，蔣介石，學者章太炎、張君勱等人，都喜讀陽明的書，受到過不少影響，杜維明說過：「孫中山的行動學說、熊十力的心靈哲學、毛澤東的實踐論，都多少受了陽明思想方式的影響。」為什麼會受到陽明學說的影響呢？這是因為陽明提倡知行合一，即知即行，只有知行合一，才能把已僵化的傳統儒學，帶入一個活潑又有生機的境地，因為其中有不少如西方學術重視經驗、講求實踐的精神。有趣的是，梁啟超曾把王陽明比之於西方的哲學家康德（Immanuel Kant,1724-1804），而杜維明把陽明比之於帶領歐洲宗教改革的馬丁・路德（Martin Luther,1483-1546），梁啟超說：

> 以良知為本體，以慎獨為致之之功，此在泰東之姚江，泰西之康德，前後百餘年間，桴鼓相應，若合符節。斯所謂東海西海有聖人，此心同、此理同。

杜維明更說：「他本人（陽明）重身教而不只是言教，為自己的新學說提供了一個示範。在他的影響之下，孔孟之道不再被看做只有讀書人才能走的路。孔孟之道成為一切人的道路，其初衷就是如此。可以毫不勉強地說，在這個特定的方面，陽明對儒學所做貢獻同德國的馬丁．路德對基督教所做貢獻一樣深刻。」

有趣的是，中國近代的陽明學復興，很少是自覺式的，大部分是受到外國的啟發，譬如梁啟超以康德比擬陽明，杜維明以馬丁．路德的宗教改革來比擬陽明學在中國的發展，都是受到與外國學術比較後的影響。可惜梁啟超沒將陽明比較康德的說法做更深的討論，但杜維明以馬丁．路德況陽明，確實有精到之處。馬丁．路德小陽明十一歲，一個是追求天主教的解放，而陽明追求的是儒學或理學的解放，內容跟形式，都有十分接近的地方。這種與外國同性質的思想家作比較很好，可以看出一種思想的另個世界。明清時期，中國與外國的交往頻繁，有些中國的學說也會傳到外國，有些時間，在域外開花結果，這種狀況，也十分有趣。

陽明學對外國的影響，日本的較多。

梁啟超戊戌之後曾亡命日本，他見到晚清時代的日本，處處強過中國，他又發現在中國，傳統文化中原有的一些「本質」部分消失了，梁啟超稱此本質為「原神真火」，這「原神真火」也就是「吾祖宗遺傳之固有舊道德」已在中國不見了，他在一九〇四年寫了《新民說》，其中一篇〈論私德〉中特別提到「王門及其門下所言」（指的應是劉宗周與黃宗羲這一些人）的正本、慎獨、謹小三項，為「安身立命之大原」。同年，他又寫了一本小書，叫《中國之武士道》，認為要興復中國，要提倡中國傳統「尚武」的精神，明顯看得出這本小書的寫作動機是來自日本。

梁啟超在萬木草堂時代，曾讀過日本漢學家吉田松陰的著作《幽室文稿》，後來旅日時，又讀了井上哲次郎的《日本陽明派之哲學》，深受其中言論影響。京都大學的狹間直樹教授曾說，梁啟超表面講的是回歸傳統道德的話，實際是受到日本「大和魂」與「武士道」觀念的啟發，想在中國古有的材料中找到「中國魂」與「中國之武士道」。他還受到日本陽明學者吉本襄、井上哲次郎所說的，以陽明學「作為明治日本的國民道德之重要組成部分」的影響，才會將陽明的思想稱揚了起來。後來張君勱在《比較中日陽明學》中曾感慨說：「嗚呼！陽明學之在吾國，人目之為招致亡國之禍，而在日本則殺身成仁之志行，建國濟民之經論，無不直接間接受王學之賜。」

另外一位特殊人物就是蔣介石，他平生十分醉心閱讀陽明的《傳習錄》、《大學問》，對陽明的致良知、知行合一極深感興趣，他而且把閱讀的經驗轉化到治軍、治國的方面來。這一方面是因為陽明不只是個儒者，而且平生建有軍功，而當蔣成為國家的領導人之後，又圖傳統文化的復興，陽明成了他偶像式的人物，而他後來積極推動陽明的動機，與梁啟超一樣，也是從日本來的。

蔣介石年輕時曾到日本軍校學習，看到日本自明治維新之後的政經與軍事狀況，與中國的落後成了明顯的對比。而他知道日本的明治維新，是受到陽明學的影響的，他曾在日記中敘述他在日本時，看到很多軍人在讀陽明的選集，而書市書攤，到處在賣有關陽明的著作，在這種狀況激蕩之下，他便開始閱讀陽明，後來並有志在中國也完成一套有關於政治的改革與道德的重整運動，主要依據的是陽明思想。

蔣雖受日本陽明學盛行的激盪，但他對日本的儒學發展卻是有批評的。他曾以儒家的「三達德」為標準來衡量日本人，認為日本人只做到了「勇」，而對「智」與「仁」的涵養則明顯不足；這是日本人隨時在準備侵略中國，試圖以小吃大，就是不智，打算消滅別人的國家，就是不仁，蔣雖軍人出身，對日本有批判性的觀察也算夠深入。

第十講

一、韓、日陽明學的消長
二、日本陽明學的發展與現況
三、重新檢視陽明學
四、結論

一、韓、日陽明學的消長

不論把陽明比成中國的馬丁．路德或康德，陽明在中國思想界的發明與影響，理應受到世界學術的重視，但除了中國之外，世界其他地方的人討論陽明學的不多。不只陽明學，其他學術也多如此，主要是受到漢字與西方拼音文字不同的影響，一般西方人很少有人能看懂讀通中國典籍的。譬如德國的萊布尼茲（Gottfried Wilhelm Leibniz,1646-1716）與法國的伏爾泰（Voltaire，本名 François-Marie Arouet,1694-1778），在他們的著作中常喜歡談中國或東方的哲學，但他們對中國的文字都一竅不通，近代的韋伯（Max Weber,1864-1920），也有不少有關中國的著作，他其實對中文的了解，也十分粗淺，這是他自己在著作中承認的。更有名的是大作曲家馬勒（Gustav Mahler,1860-1911）寫過一首如交響樂一般體制龐大的歌曲集，名叫《大地之歌》（*Das Lied von der Erde*），裡面有獨唱有合唱，其中所唱的都是唐詩裡著名的篇章，如李白、王維、錢起、孟浩然等人的詩，但有趣是從現存的德文唱詞中，很難「恢復」為唐詩的原作，這是因為馬勒本人根本不懂中文，而他依據的德文譯本，又幾乎全譯錯了，而這些錯誤並未傷害《大地之歌》在歐洲古典音樂上的地位，不過可以見出東西雙方的隔閡與限制有多大了。

所以受陽明學與其他中國學術作用的，多在漢字流行的區域。韓國與日本早年流行中國學術，當時的學者也多通習中文，所以談陽明學對域外的影響，也須從韓、日兩國談起。前面講到清末到近代中國，陽明學之有復振的現象，多少受到東鄰日本的影響，所以陽明學在日本發展的現象尤其重要。

先談韓國。

韓國與我國接壤，比起日本來，因無海洋間隔，彼此往來要方便許多，陽明在世時，初刻的《傳習錄》已傳到韓國。但韓國的儒學，比起中國來還要保守許多，當時朱子學深深影響到韓國的各階層，宗朱學的人都把晚出的陽明學當成出來攪局的，有的還視之為邪魔外道，明末一位韓國的文學家許筠（1569-1618）來過中國很多次，與中國許多陽明後學有過交往，跟李贄也認識，受良知說的啟發，回去一度曾試圖張揚王學，但在韓國的反應卻很平淡，他的努力並未興起太大波瀾。陽明學在韓國受到重視，是要到二十世紀之後，一方面受到中國陽明學復興，另方面也受到日本漢學發展的影響，但一直到今天在韓國，陽明學都沒有太大的特殊性，對學術的影響也不大，而在日本就比較特別。

再來談談日本。

陽明學在中國早期都稱王學，以與程、朱相別，《明儒學案》稱陽明一派為「姚江學」，稱他弟子曰「王門」，日本人很早就叫王學為「陽明學」，有人說最早叫王學為陽明學的是日本人，可見日本人與此學的關係很深。其實「陽明學」一詞並不始自日本，《明史．王守仁傳》就有下列文字：

> 守仁天資異敏，……其為教，專以致良知為主。謂宋周、程二子後，惟象山陸氏簡易直捷，有以接孟氏之傳。而朱子《集注》、《或問》之類，乃中年未定之說。學者翕然宗之，世遂有陽明學云。

可見「陽明學」一詞中國早有，並非首創於日本，只是在中國多稱之為姚江學或王學，而日本始終稱之陽明學而已。陽明在世時，日本是所謂的「戰國時代」，當時已有些有關陽明的著作隨著交流的學者傳入日本，還有之後在中國東南擾亂的倭寇，也偶爾會將搶來的圖書帶入日本，但都不是系統傳入，所以影響不是很大。當時日本人中的讀書人能讀中文的很多，而當時閱讀陽明書的人，卻不是很高層的人物。

二、日本陽明學的發展與現況

說起日本的陽明學，可能要從一位僧人了庵桂悟（1425-1514）說起。傳說了庵桂悟曾於正德四年（1509）奉當時日本幕府大將軍足利義澄之命出使中國，當時了庵已八十五歲，過了三年，了庵訪問了寧波的育王山廣利寺，傳說在寺中見過陽明，並與之交談甚契。了庵回日，陽明寫了〈送日本正使了庵和尚歸國序〉（此文轉載於不少日本史料中，又說真跡藏於日本山田博物館中，但今《王陽明全集》未收），假如所記正確，應是陽明本人或陽明學與日本發生關係的開始。但了庵是僧人，對陽明學興趣可能不高，雖然日本近代哲學家井上哲次郎（1856-1944）說過：「桂悟親與陽明接觸，為哲學史上不可看輕的事實。」要談到陽明學影響到日本，得從另一人說起。

晚於了庵近百年，日本有位下層的武士名叫中江藤樹（1608-1648），脫藩（指武士脫離所屬的本藩，而成為往來自由的人）之後，在家鄉辦了個藤樹書院講學，中江藤樹原來是宗朱學的，但後來轉向陽明，據說他講學內容就以陽明的良知學為主。他的學生，有各式人等，有武士，有農人工匠，非常像陽明門下，尤其如泰州一派的光景，當時人給了他個稱號，叫他「近江聖人」，要說在日本講陽明學的，可能該以中江藤樹為鼻祖。

中江藤樹很早就死了，但他的講學影響不小。他死了後，他講的陽明學分成了兩派，一派傾向於繼承陽明學的心學傳統，被稱為「德教派」，另一派主張發揚陽明的事功實踐，因而被稱為「事功派」。講事功的一派出了個大人物，名叫熊澤蕃山（1619-1691）。他一生講學、著述不斷，德業俱佳，極得當時與後世的欽服，對王學的張揚做出很大貢獻。日本後來的漢學家荻生徂徠（1666-1728）對他曾經有過這樣的評價：「蓋百年來儒者巨擘，人材則蕃山，學問則仁齋（指另一位儒者伊藤仁齋），餘子碌碌未足述也。」對蕃山評價之高可見一斑。熊澤蕃山死後，王學在日本沉寂了一陣子。

明亡後有位大儒因抗清失敗而流亡日本，他就是朱之瑜（舜水，1600-1682）。朱之瑜跟陽明一樣都是浙江餘姚人，但他不是陽明一派的學者，他的學問，反而是比較傾向朱子。明末他曾參與了地方的抗清活動，失敗後逃往日本籌餉（當時漢人稟民族大義，不屈於清而乞師或籌餉日本的很多，黃宗羲即有〈日本乞師記〉一文），又輾轉舟山、閩粵沿海，還一度幫助過鄭成功、張煌言等人反清復明，但朱舜水歷經數年努力無果，最後只得居住日本。他在日本，很受日本知識界敬重，德川家康的後人曾迎他到江戶（東京），並且以弟子禮事之，他後來死於日本，日本人對他以國師相待，優禮有加。

儘管朱舜水的學問不宗王學，但他重履踐、輕玄虛的學風，極受日本學者看重，連帶使得漢學（中國學）受到重視，日本的王學在他之前是流行在比較低下一層的（如中江藤樹的學生），也因他而慢慢提升了地位。說起來有點可笑，中國在清朝，是王學很不受看重的時代，清朝的學術中心不在思想，而在考據名物，但在同一時代的日本，研究與接受陽明學說的人卻很多，這些人慢慢的形成一個學問的區塊，後來影響到清末日本的維新運動。

在明治維新之前，陽明學沉寂了一段時候，當時日本學壇，宗中國學的那一派又恢復對朱學的尊重，而想要捨棄漢學的另一個稱為「國學派」的學派又在興起中。所謂國學派，其實就是以日本本身的學問為主的學派，這一派的興起，顯示日本想在學術上展現自信與自主。另外一派是「歐化派」，他們設法建立一個學術流派，要讓日本極力擺脫它屬於亞洲國家的命運。當時他們憧憬的對象是歐洲的荷蘭，因而有所謂的「蘭學」（「荷蘭學」的簡稱）的產生，可見當時日本學術界的方向十分分歧。

在十九世紀初葉，出了個叫大鹽中齋的人。大鹽中齋（1793-1837）世稱大鹽平八郎，他早年做過小官，三十七歲時辭去官職，隱居起來讀陽明的書，對陽明知行合一與致良知的學問有深入研究，他自律律人都很嚴格，讀書用功，有發憤起來十日不寐的記錄。他學陽明早歲在「陽明洞」研讀，闢了一個叫「洗心洞」的地方自修及講學，又與當時另一位陽明學家佐藤一齋不時討論，以獨有的一套方式詮釋良知說。他著有《洗心洞箚記》與《古本大學刮目》等書，後死於率領農民起義奪糧的抗爭中，是個有學問又有行動力的人物。

另一位是佐藤一齋（1772-1859），他出身江戶藩邸，在藩中的地位很高，他曾擔任幕府最高學府昌平黌的儒官（也就是總負責人），地位有點像中國的太學祭酒，弟子最多時達三千人。要知道不論中國與日本，官學還是宗朱子系統的，但佐藤一齋個人對陽明的良知學心有獨鍾，所以有人說他是「陽朱陰王」。他有《言志四錄》行世。由於他地位高，年歲長（活了八十八歲），他之宗陽明學，對日本當時與後世影響極深。

不久到了明治時代，陽明學變得昌盛起來，這是由於陽明學並不提倡要有高深的學問，我心的良知是現成的，只要「致」了良知，平凡如我，也可以為聖為賢，這說法給一般人的鼓勵很大，所以陽明學之起都在舊社會崩解，新時代、新觀念將立的時候。

再說陽明是有事功表現的，陽明的「知行合一」鼓舞了力行實踐的精神，這點最能迷住想要有所表現的日本人。明治維新之前，日本社會有種力量在湧動，希望日本能富強，社會彌漫著一種求進亢奮的氣息，這時熱衷於陽明學說的人很多，而且很多是重要人士，其中有武士山縣有朋（1838-1922，日本陸軍的創始人）、學者福澤諭吉（1835-1901，思想家）、商人澀澤榮一（1840-1931，被後世譽為「日本企業之父」）、政治家伊藤博文（1841-1909，明治維新首任首相，也是日本政治史上的第一任首相）等，他們都是那個時代能影響風氣的風雲人物。

當然陽明學的盛行跟日本社會的變化是息息相關的，到了二十世紀，日本接觸到整個世界，陽明學在國防上、商業上乃至政治上的影響力就慢慢變小了，陽明學便留在學問的區域中，讓後世人去研究討論了，所以談這時候的陽明學，只有回歸學術。二十世紀之後，日本的陽明學者不算少，但格於篇幅有限，我只能介紹一下一位有名的陽明學專家，他叫岡田武彥。

岡田武彥（1909-2004），日本九州人，他一生研究中國思想史，尤其精於明代思想，與同鄉的荒木見悟被譽為日本近代明代思想研究的雙傑。光看他的著作，就知道他是陽明學研究的領袖人物，他的著作與陽明有關的有《王陽明與明末儒學》、《現代的陽明學》、《儒教精神和現代》、《王陽明紀行》與《大傳：知行合一的心學智慧》等。他不只畢生從事陽明學的研究，晚年奔走中日兩國，到處張揚此學，影響後學很大。大陸經文革之創，岡田武彥在日本到處募錢，幫忙修復許多有關陽明的古蹟，最重要的是今天可以看見的在紹興蘭亭附近的陽明墓，就是他在日本募了資金幫助修復的。我曾兩次拜謁過陽明墓，在當時還屬於紹興市的養雞學校後山，一次是清明節，卻見不到任何來此掃墓祭祀的人，只由我帶著幾個學生在墓前行禮，心中感觸萬千，自然想起日本的陽明學與岡田武彥先生了，是懷著崇敬與感謝心情的。

三、重新檢視陽明學

我們對陽明一生與其學術的介紹，大致只能說到此了。下面我想對陽明這個人與他在中國學術上的成就，做一個比較整體的評論。

自黃宗羲說過：「蓋陽明一生精神，俱在江右」之後，後世對陽明學的主張，有偏向「戒懼慎獨」一方，當然照黃的老師劉宗周認為，用戒懼慎獨的方式以求良知，才是陽明的「師門本旨」，才能擺脫陽明學說「浸流入猖狂一路」。劉、黃的說法不能算錯，但要知道他們的議論是針對陽明學者因過於重視走入社會而逐漸失去真相、行為也過於猖狂而提出來的，持論有點以偏頗救偏頗的味道，從這個方向看，是看不出陽明學的確實真相，尤其是全體真相來的。

如過強調「戒懼慎獨」是陽明學的本旨，就有將陽明學置於個人心靈化、居敬守靜之一途。陽明學當然有這種成分，但不可懷疑，陽明學也有朝世界開放、極重視行動之一面。陽明自己說過：「良知明白，隨你靜處體悟也好，隨你去事上磨鍊也好。良知本體，原是無動無境的，此便是學問頭腦。」有一次陽明答人問而說：「只要是去人欲，存天理，方是工夫。靜時念念去欲存理，動時念念去欲存理，不管寧靜不寧靜。若靠著寧靜，不惟有喜靜厭動之病，中間許多病痛，只是潛伏在，終不能絕去，遇事依舊滋長。以循理為主，何嘗不寧靜？以寧靜為主，未必能循理。」陽明以為良知本無動靜之分，而只強調守靜，是有「許多病痛」在的，因此如抱守著居敬守靜之一端，也不能解釋陽明學真實又全面的內涵。

我不贊成思想定為一尊，任何一種定為一尊，對思想都會造成戕害，結局當然是壞的。孔子在世時沒權沒勢，其學當然沒法定為一尊，孔子有不少學生，死後張揚孔學，但每家傳授也多有不同，我們在《論語》〈子張〉篇中看到孔門大弟子張、子夏、子游之間有不少爭議，可見便在孔門陣營之中，孔子也無法定為「一」尊，也不能用孔子的「一」方面解釋孔子的全面。《韓非子．顯學》有言：

> 世之顯學，儒、墨也。儒之所至，孔丘也；墨之所至，墨翟也。自孔子之死也，有子張之儒，有子思之儒，有顏氏之儒，有孟氏之儒，有漆雕氏之儒，

有仲良氏之儒，有孫氏之儒，有樂正氏之儒。自墨子之死也，有相里氏之墨，有相夫氏之墨，有鄧陵氏之墨。故孔、墨之後，儒分為八，墨離為三，取舍相反不同，而皆自謂真孔、墨。孔、墨不可復生，將誰使定世之學乎？孔子、墨子俱道堯、舜，而取舍不同，皆自謂真堯、舜。堯、舜不復生，將誰使定儒、墨之誠乎？

由韓非的說法來看，孔、墨在戰國時代，因傳人很多很雜，不論儒、墨本身就有爭議，思想也是分歧的，都未定為「一尊」，但儒、墨之成為當時的「顯學」，便是因有爭議而分門別派、開枝散葉，也因分門別派、開枝散葉而有了新的發皇開展，有了可以流傳千古的結果。

陽明之前，朱學因鼎盛而出現疲軟、僵化的弊病，不只朱學，連傳統儒學也因僵化而顯得消沉，到了明代中葉，有了陽明提出質疑，朱學自然須自我修正改進，攻防之間，往往產生了新義，對朱學而言，這也是很好的事。陽明的比較偏向心學主張，初看起來與朱子同時的陸學無異，但陽明的說法比起陸象山更為周到、更為全面，至少「致良知」、「知行合一」等的口號叫起來要比象山的響亮得多。陽明比較能夠號召群眾反省傳統思想留下的問題，陽明的出現，打破傳統儒學長期被一派獨斷詮釋的機會，也為已漸漸缺乏生命力的儒學注入了全新的源泉活水。儒學有了朱子與陽明分庭抗禮，才叫作多元。

陽明可稱一位真正「多元」的人。

首先是他的思想來自很多不同處所，他成年之前曾遍讀朱子之書，又接觸過道教、佛教，對道教的養生哲學一度沉迷。自從遇見婁諒之後，他「折節」改習儒家經典，但仍未透徹，直到龍場一悟，才體會真正格物致知之旨，所以「悟」在陽明學思中，也扮演了重要的角色。黃宗羲說王學學成前經過「三變」，學成後也經過「三變」，便知道他知識來源的多樣與思想角度的多層方向。

其次，陽明不是一般傳統「書生」模樣的人，他自幼喜歡兵書，少年登居庸關，便慨然有經略天下之志，之後勤練兵法，追逐騎射，心目偶像不是孔、孟，竟然是東漢「馬革裹屍」的馬援，也算奇事一樁。龍場悟道之後，原圖在思想上更求精進，但平南、贛之亂耗掉他數年的時間，南、贛亂平，又碰到更嚴重的宸濠之亂，宸濠之亂足以影響到明代的絕續存亡，情況比南、贛之亂更為嚴峻，但最後也被陽明所平。之後因丁憂在家，躲過了朝廷改朝之際的政爭，他在家鄉過了幾年平靜生活，卻又碰上遠在廣西的思、田地區少數民族發生動亂。朝廷命已得重病的陽明剋期南征，陽明只得再度披上戰袍，將幾十年垂百年的南方動亂給平定了，卻不幸病死在歸途。

陽明在日本明治維新運動中扮演一定的角色，但在日本人心中，陽明的「事功」部分比他的良知哲學貢獻更大。日本人研究陽明，偏重於陽明的良知學之所以發展在經世濟民的層面，是不是錯了我們不敢確定，但論起陽明學確然不能否認其中有強烈的事功成分。《莊子・天下篇》云：「是故內聖外王之道，暗而不明，鬱而不發，天下之人各為其所欲焉，以自為方。」世以「內聖外王」稱許學問道德發展的最高境界，張載說過：「為天地立心，為生民立命，為往聖繼絕學，為萬世開太平。」「外王」即是「為萬世開太平」的最高境界，陽明在中國讀書人中是很少的例證，他有機會實踐其「外王」的理想，並且確實有成，從這一點看來，雖孔、孟也不見得趕得上。

這說明陽明本身與陽明學的「多方」層面，為傳統儒者所不及。陽明是講「知行合一」的，陽明得以有機會「踐履」他的知識，而且踐履得十分成功，他的「知」當然值得探索，他的「行」，不論從內容與形式上看都比一般人的「行」要豐富得多，當然更值得加深研究。假如以儒家的成就來肯定陽明，陽明無疑將儒家的定義更多元化了。

從個性上言，陽明自少就如《年譜》所說的「豪邁不羈」，所謂豪邁，就是任何動作都可能比別人大一些，所謂不羈，是指自由不受約束，往往任性而行。陽明少時否定塾師言讀書登第為第一等事，他登居庸關時的感悟，都顯示他自少年即有豪邁之胸襟。他三十五歲的時候為戴跣、薄彥徽等以諫忤旨而抗疏，不惜得罪剛就位的皇帝與皇帝四周的鷹犬，結果是下詔獄經廷杖而貶謫龍場，可見他當時有準備為正義而付出一切的想法。陽明在平定宸濠之亂後，武宗親征，陽明卻公然不顧他的顏面，不願配合演出荒誕的鬧劇，毅然將虜獲的宸濠交給張永之後便匆匆離職。隔了幾年之後，他在平定思、田的亂事後，也是在請假未獲准的狀況下，斷然擅離職守，死於歸途。陽明在事功的表現上，往往注意到極細極微的部分，如在平亂前要如何編伍行陣，又要如何籌措軍餉，在這些方面，他都花了很大、很細的功夫，幾乎不出任何紕漏。亂平之後又要使地方能夠自治，推動社會教化，還要多興土宜，每件事他都安排處理得相當周愜，可見陽明不但從不潦草將事，而是個心思細密的人。但他對個人的去就榮辱，往往顯得任性，顯得不自顧惜，這也算奇特。

朱子曾形容陶淵明，說：「陶（詩）卻是有力，但語健而意閒，隱者多是帶性負氣之人為之。」這一點，朱子似乎深契淵明之心，知道陶詩在平淡的表面之下，其實是有著一股熱腸，是偶爾會流露出其不羈之氣的人。在朱子眼中，陶並不是個自隱田園、不顧人間是非的漢子。所謂「帶性負氣」，是指一個人有自己的個性，行事有時克制不了衝動，平日修養很好，卻不免還帶有點意氣的成分，當意氣一出，常會不顧一切。

陽明與朱子形容的淵明一樣，在某些部分，他是個「帶性負氣」的人。但陽明的帶性負氣只放在自己的前程上，他對官場的起落，對自己在仕途的升降似乎毫不在乎。

在生命的一些關節部分，陽明往往會任「帶性負氣」的狀況一再發生。他一部分的行事風格，使世俗對陽明的「晚節」評論產生了影響，但既然是意氣，也是個性，總改不了的。這個成分，也使得陽明學的解釋，有時也得逸出一般的論學範圍，不得不注意一些學術之外的其他問題。

譬如一次他和幾位大弟子相聚，討論良知之學在世上爭論不休的問題，那次陽明有點動氣，他說：「我今信得這良知真是真非，信手行去，更不著些覆藏。我今才做得個狂者的胸次，使天下之人都說我行不掩言也罷。」陽明的這席話，就帶著濃厚的「帶性負氣」的成分，非常接近你說我是狂者，我便狂給你看，你說我行不掩言，我便就更為行不掩言吧，語氣像一個倔強又賭氣的孩子，不忌說自暴自棄的話。又如他寫《朱子晚年定論》，便是不經羅欽順指出，自己也知道其中所引朱子的話不見得皆出於晚年，他經羅指陳歷歷，便順勢更正可也，而陽明卻堅持自己的立場，毫不動搖，他〈答羅整庵少宰書〉中謂：「然中間年歲早晚，誠有所未考，雖不必盡出於晚年，固多出於晚年者矣。」可見自己他並非不知道問題所在，卻搬出「不忍牴牾」與「不得已與之牴牾」的遁詞強作辯解，老實說這是錯的，但他卻不去更改，這也是受「帶性負氣」性格的影響。

問題是這些性格上的成分，有沒有影響到他良知說的成立呢？答案是並沒有。他的良知學，反而因為他偶爾呈現的「意氣」而顯得更為鮮活，更具有生存感與說服力，這一點很像孟子。

陽明的良知說是脫胎於孟子的性善說，這是不容懷疑的。孟子講仁、義、禮、智「四端」，認為這是人生所自有的，所以是人的本能。孟子說：「人之有是四端，猶其有四體也。是有四體，而自謂不能者，自賊者也。」又說：「凡有四端於我者，知皆擴而充之矣，若火之始然，泉之始達。」（《孟子．公孫丑上》）跟陽明所說良知存在的現象，兩者的推論如出一轍。如陽明在《大學問》中言良知乃「天命之性，吾心之本體，自然靈明昭覺者也。凡意念之發，吾心之良知，無有不自知者其善歟，惟吾心之良知自知之；其不善歟，亦惟吾心之良知自知之」。另外孟子也有強烈逞「意氣」的成分，看他批評楊、墨，說：「楊氏為我，是無君也。墨氏兼愛，是無父也。無父無君，是禽獸也。」（《孟子．滕文公下》）說君、臣之道，說：「君之視臣如土芥，則臣之視君如寇讎。」（《孟子．離婁下》）這類的語言都充滿了個人的「意氣」，語氣也不是很持平的。但這些有意氣的語言，使得孟子的文章波瀾壯闊，連帶使得他的思想也顯得是非分明又堅強有力了。

陽明良知學之深入人心，除了合理之外，還有他說理的語言，顯得有力又動人。陽明善比喻，這點與孟子的「土芥」、「寇讎」之喻很像。他答徐愛問孝，說：「譬之樹木，這誠孝的心便是根，許多條件便是枝葉，須先有根然後有枝葉，不是先尋了枝葉然後去種根。」其答羅整庵說：「求之心而非也，雖其言之出於孔子，不敢以為是也。」都用詞驚悚又有說明力，他在言談文章中不忌意氣流露，跌宕生姿。當然，這對他在思想上的成就算是餘事，但也得注意，意氣的起伏，有時是研究王學消長的關鍵。

陽明提出良知說，在中國傳統的道德哲學上言，他拋棄了繁複知識的糾纏，有直探人心之本源的貢獻。他認為知行應該合一，不能實踐的知沒有意義。他說：「見好色屬知，好好色屬行，只見那好色時已自好了，不是見了後又立個心去好。」當然他的知是專指道德的知而言。又如解釋心外無物，陽明說：「身之主宰便是心，心之所發便是意，意本體便是知，意之所在便是物；意在於事君，即事君便是一物；意在於仁民愛物，及仁民愛物便是一物；意在於視聽言動，及視聽言動便是一物。所以某說無心外之理，無心外之物。《中庸》言『不誠無物』，《大學》『明明德』之功，只是個誠意，誠意之功只是個格物。」（皆見《傳習錄》上卷）這些話都說得簡捷精當又鞭辟入裡，是善於言說的好例子。

當然陽明在哲學上展現的魅力，不僅在於他傑出的語言能力，也不在他人格上偶爾的「帶性負氣」，而在他簡易的哲學運動，讓消沉已久的傳統社會動了起來。陽明非常喜歡講學，他最喜歡與學生在一起生活，這一點與之前的朱子，與更早的孟子、孔子一樣，他們主要的貢獻在以新知啟迪後進，心想要讓世界變得比之前更好。《傳習錄》有段記錄：

> 先生初歸越時，朋友蹤跡尚寥落，既後四方來遊者日進。癸未年（嘉靖二年，時陽明五十二歲）已後，環先生而居者比屋，如天妃、光相諸刹，每當一室，常合食者數十人；夜無臥處，更相就席；歌聲徹昏旦。南鎮、禹穴、陽明洞諸山遠近寺刹，徙足所到，無非同志遊寓所在。先生每臨講座，前後左右環坐而聽者常不下數百人，送往迎來，月無虛日。

雖記的是在越講學之盛，其實陽明自龍場之後，跟隨學生便不少，後來至滁、至越，講習規模更大，門下弟子益多，非常接近朱子、孟子與孔子的風格。與他們不同的是，陽明甚至在戰陣之間，也有學生跟隨，學生也常聽陽明調遣，幫他處理一些公、私事務，他對學生的影響與感格，不光在學術上面，而是更整體的人生。

這是中國德教的傳統，不僅只重視言教，而更重視身教，因為德教必須展現在行為中，這是為什麼陽明要主張知行合一，而孔子要說「行有餘力，則以學文」的道理。

當然談起陽明學不得不談起他與佛學的關係，這事經陽明本身幾次嚴正駁斥過，他不否認自己早年曾接觸過佛教、道教，但他的良知學並不與佛、道有關，而是真正儒門的心性之學，現在我們回頭來談談這個問題。

其實中國傳統學術，從魏、晉之後，就不斷受到佛教、道教的影響，只是有時多，有時少的差別，有時是儒學受佛、道的影響多些，有時是佛、道受儒學影響多些，這叫思想交涉與交融，在文化史上是很普遍的。佛教傳入中國，變成了「中國式」的佛教〈禪宗〉，就是很好的例子。唐代自中葉後佛教昌盛也是事實，韓信寫〈原道〉，建議以「人其人，火其書，廬其居」來對付佛、道，可知當時社會「不入於老，則入於佛」的嚴重性。到了宋代，儒者試圖「重建」儒學的地位，所標榜的「理學」，其實是以儒家義理學為核心的學問。但「理學」之名目，不是沒有爭議的。清初有很多人反對宋人所倡的理學，如顧炎武便在〈與施愚山書〉中說：「理學之名，自宋人始有之。古之所謂理學者，經學也。」因而又有「舍經學無理學」之推論。為什麼顧炎武有此論？是因為宋儒的理學，在顧氏看來並不純粹，其中有很多不是源自儒家，而顯然是「外來」的成分，在他看來，要圖復興儒學別無途徑，只有振興儒家的經學才對，便有「舍經學無理學」的呼籲。

黃宗羲曾說：

> 致良知一語，發自晚年，未及與學者深究其旨，後來門下各以意見攙和，說玄說妙，幾同射覆，非復立言之本意。

黃的老師劉宗周（見《明儒學案》前引〈師說〉）說：

> 先生承絕學於詞章訓詁之後，一反求諸心，而得其所性之覺曰「良知」，因示人以求端用力之要，曰「致良知」。良知為知，見知不囿於聞見；致良知為行，見行不滯於方隅。即知即行，即心即物，即動即靜，即體即用，即工夫即本體，即

下即上，無之不一，以救學者支離眩鶩、務華而絕根之病，可謂震霆啟寐，烈耀破迷，自孔、孟以來，未有若此之深切著明者也。特其與朱子之說不無牴牾，而所極力表章者乃在陸象山，遂疑其或出於禪。禪則先生固嘗逃之，後乃覺其非而去之矣。夫一者，誠也，天之道也。誠之者，明也，人之道也。致良知是也。因明至誠，以人合天之謂聖，禪有乎哉！即象山本心之說，疑其為良知之所自來，而求本心於良知，指點更為親切。合致知於格物，工夫確有循持，較之象山混人道一心，即本心而求悟者，不猶有毫釐之辨乎？先生之言曰：「良知卻是獨知時。」本非玄妙，後人強作玄妙觀，故近禪，殊非先生本旨。

這段話十分重要，幾乎成為後世對陽明的定評，說得很清楚，也就是陽明學如果近禪，也不是陽明的本意，而是出自別人的附會。何況宋明以來的理學或心學，嚴格說來，都多少攙合了些佛學的思考方法或語言在其中。顧炎武在《日知錄》中批評了朱子的《中庸章句》，說：「《中庸章句》引程頤之言曰『此篇乃孔門傳授心法』，亦是借用釋氏之言，不無可酌。」連程子解釋《中庸》都用了佛家的用語，可見唐宋之後的中國文化不論要討論哲學或文學，要避開佛教，不受絲毫影響是絕不可能的。就連朱子，清初的顏元（習齋，1635-1704）就在《朱子語類評》中說：「朱子教人半日靜坐，半日讀書，無異於半日當和尚，半日當漢儒；試問一日十二時，那一刻是堯舜周孔？」可見宋明以來，儒佛混雜得厲害，有些時候，真不好分辨。劉宗周評陽明說：「霆震啟寐，烈耀破迷，自孔孟以來，未有若此之深切著明者也。」可以說把陽明推到孔、孟一樣的地步，是至高無上的了。但文中屢說陽明近禪「殊非先生本旨」，也可見陽明學到了後來解釋互異，埋下歧異分化的伏筆。

四、結論

陽明最大的貢獻在選擇掌握思想最緊要的部分，他認為一個人思想的最緊要部分就是「良知」，所謂良知，是一個人修養最重要的核心，這個核心是所有人一直存在著的，而人核心的意義無須外求。他青年時代，曾用先儒所示的煩瑣功夫以求知，徒勞的格竹子便是例子（其實是一場誤會），但這場誤會對陽明學的開展很有作用，讓他知道所犯了的錯不要再犯。他後來又提出「知行合一」的口號，對「格物」、「致知」二詞有了新解，照陽明的說法，格物是行事的意思，致知是致良知，因此「格物致知」就是知行合一，再結合《大學》後面的誠意、正心與修齊治平，就顯得更渾淪順適了。陽明此說一出，有將千古疑雲一掃而空的感覺，這是陽明學的最重要貢獻。

在思想史上，陽明的貢獻可與西方宗教改革時的楊．胡斯（Jan Hus1369-1415）與馬丁．路德比擬。在宗教改革之前，有關神的意向與人間的立法，都是羅馬天主教的「教廷」說了才算的，被教會解釋過的神高高在上，永遠凌駕一切，而教會又總控制在一小撮人之下。出身教會神職的胡斯首先提出對教會權力的懷疑，認為宗教的解釋權不應限於教皇四周一小撮人，平民如得聖寵，也可以自己的方式解釋《聖經》，但最後胡斯在宗教法庭被判火刑處死。之後，馬丁．路德也提出同樣的意見，認為至少在崇拜上帝的宗教活動上，普羅的信眾對教會不是只得匍匐捐輸而已，他們對教會有一定的發言權，也應有施展自己來服務貢獻教會的機會。西方的宗教改革是沿襲文藝復興「人」的覺醒之後的另一項重要的活動，之後，一般人的價值被普遍肯定，人在心靈上與行為上的差異，也逐漸被接受。

在中國並沒有像西方一樣權利龐大的宗教，可以籠罩人類所有心靈達千年之久，但在知識的掌握上面來說，知識分子一直有極高的便利性，在這種情況下，影響天下的治亂的權柄，其實也只在皇帝周圍一小撮知識分子的手裡罷了。權力掌控在知識分子手中也許並無問題，只是掌控久了，自己也會形成一種獨斷的習氣。這種獨斷往往不容其他的「道理」跟他一樣的存在，最後使得知識分子認可的所謂客觀知識也變得僵化。

就在這一時刻，陽明學出現了。陽明說每人心中都有良知，你我的良知與聖賢的良知並無不同，他曾以金為喻，說金之良窳在成色不在多寡。他在《傳習錄》答希淵問曾說：「猶一兩之金比之萬鎰，分兩雖懸絕，而其到足色處可以無愧，故曰：人皆可以為堯舜者以此。」每個人天賦都有黃金在心，有的成色足，有的成色稍有不足，不足的可由後來的鍛鍊而使足，由這個觀點，孟子說的人皆可以為堯舜是成立的。從這一點看來，陽明的良知說不僅僅是讀書人、知識分子的學說，而是所有人用以增進信心的學說，只要努力，沒人能阻擋你成為聖賢。前面曾舉梁啟超曾以西方哲學家康德比陽明，說兩者「以良知為本體，以慎獨為致之之功」相近，又杜維明以宗教家馬丁．路德比陽明，並不是指陽明的哲學內容與他相同，而是指陽明跟他一樣，以自己的主張鼓動起當時的風氣，這股風氣是樂觀又積極的，讓一般人都覺得自己有尊嚴，都發現自己的存在有意義，從而在某種方式上，可以與之前不能企及的上帝都平起平坐起來，在中國，堯舜有點像西方的上帝。陽明跟孟子一樣，喜歡以堯舜相況，而陽明說的聖賢不指高居於萬民之上的帝王，而是世上的各行各業，都不妨以自己的方式成為世上最完美的角色，只要你心靈高尚、良知充滿的話。成為世上最完美的角色，就是孟子說的：「居天下之廣居，立天下之正位，行天下之大道」的人，也是張載在〈西銘〉中說過的：「故天地之塞，吾其體；天地之帥，吾其性」，如此堂堂正正又對自己有充分自信的人。

陽明的良知說讓所有的人都「重拾」做人的信心，不受地位或知識之所限，這是陽明學對世人的最大貢獻。在西方，自文藝復興（十四世紀）之後有此或類似此主張的人不少，十七世紀之後，歐洲更有啟蒙運動（Enlightenment）風起雲湧，啟人自覺、自由的呼聲不絕於耳，著作如林，蔚為奇觀，但在中國，有這麼開闊思想的，大約只以陽明為獨步。

以上介紹陽明的人與學術，到此可以結束。最後我想抄一段《明史》本傳上的文字做收尾，這段文字寫陽明死後幾個子孫的遭遇，讀來令人有一種不可名狀的心情，文中言：

> 始守仁無子，育弟子正憲為後。晚年，生子正億，二歲而孤。既長，襲錦衣副千戶。隆慶初，襲新建伯，萬曆五年卒。子承勛嗣，督漕運二十年。子先進，無子，將以弟先達子業弘繼。先達妻曰：「伯無子，爵自傳吾夫，由父及子，爵安往？」先進怒，因育族子業洵為後。及承勛卒，先進未襲，死。業洵自以非嫡嗣，終當歸爵先達，且虞其爭，乃謗先達為乞養，而別推承勛弟子先通當嗣，屢爭於朝，數十年不決。崇禎時，先達子業弘復與先通疏辨。而業洵兄業浩時為總督，所司懼忤業浩，竟以先通嗣。業弘憤，持疏入禁門訴，自刎不殊，執下獄，尋釋。先

通襲伯四年，流賊陷京師，被殺。

這段記錄可說不堪極了，陽明後世子孫為了爭奪襲爵事，弄得場面十分難看，真使王家一門蒙羞，最後國破家亡，玉石俱焚，一切都成空了。讀到此令人不得不有司馬遷在〈伯夷列傳〉上寫的：「天之報施善人，何如也」之嘆。

陽明是天縱之才，功在天下，學術思想之影響也極為深遠，卻不保證其子孫都能繼承遺志、克紹箕裘，陽明死後不久，王家早已失去陽明在時的光輝了，明亡後更無論矣。這是我數百年之後到蘭亭，在日本人岡田武彥先生協助修復的陽明墓前憑弔時，心情極為寥落的原因。

後記

陽明學其實很簡單。陽明所標舉的「良知」兩字，是從孟子來的，孟子把良知與「良能」放在一起，比喻人的自覺與本能，他又把良知與孟子說的「四端」結合起來，說人的良知就如同人都有的惻隱、羞惡、辭讓、是非之心，而惻隱、羞惡、辭讓、是非之心分別又是人的仁、義、禮、智四種道德的源頭。孟子認為這「四端」人人都天生具足，是無須朝外去追求的，只須朝內心去找尋就夠了。陽明延續了這派的朝內心追求的想法，所以稱之為「心學」，「心學」有個特色是強調自我的重要，在集體意識強的時代或地域，這主張往往有革命性的作用。

陽明又主張知行合一，當然這也是道德哲學的範疇，他曾舉《大學》「如好好色、如惡惡臭」為例，說：「見好色屬知，好好色屬行；只見好色時已自好了，不是見後又立個心去好。聞惡臭屬知，惡惡臭屬行；只聞惡臭時已自惡了，不是聞後別立個心去惡。」這些話都是針對宋儒把《中庸》裡博學、審問、慎思、明辨與篤行分開來看所衍生的問題。他認為道德有關的知識與行為，應連成一體，是不可分的，他說：「我今說個知行合一，正要人曉得一念發動處便即是行了，發動處有不善，就將這不善的念克倒了，須要徹根徹底，不使那一念不善潛伏在胸中。此是我立言宗旨。」像這類關鍵性的話，他都說得明白妥貼，也很準確。

世上終有善人惡人之別，然而惡人也有良知的，只是良知後來泯滅了，所以陽明晚年標舉「致良知」，要把良知找回來。找回良知有很多方法，牽涉的問題也不少，但這個思維要你回頭注意自己的心性，不要在外在事務浪費精力，也沒太令人費解之處。總之陽明學說白了就是一種簡單的做人哲學，上天給了我善的稟賦，我只要找出它並好好發揮開來，人人都可以達到聖賢的地步，這也是孟子說過的「人皆可以為堯舜」。

陽明最觸動人心的話是：「知是心之本體，心自然會知。見父母自然知孝，見兄自然知弟，見孺子入井自然知惻隱，此便是良知不假外求。」重點說良知人人都有，不假外求，又說：「可知充天塞地，中間只有這個靈明，人只為形體自間隔了，我的靈明，便是天地鬼神的主宰。」他說的「靈明」就是指自己最高的自由意識，靈明也可解釋自己內心深處的良知，這靈明得報機會，就會隨時又隨機在我們身上湧現，它是世間一切真理與價值的判斷基礎。陽明說這話時斬釘截鐵，毫不猶疑，可見他的自信。

他又將知識分子與一般人的界線打破，肯定任何人都應該也能夠參加知識與心靈的高貴活動。他最震動人心的話是：「夫學貴得之心，求之於心而非也，雖其言之出於孔子，不敢以為是也，而況其未及孔子者乎？求之於心而是也，雖其言之出於庸常，不敢以為非也，而況其出於孔子者乎？」他不以語出於孔子為必是，不以語出於庸常為必非，可見他心中只有真理而無偶像。他又說：「與愚夫愚婦同的，是謂同德；與愚夫愚婦異的，是謂異端。」更知道他思想的社會傾向。

陽明跟傳統的「士」不太一樣，他一生除了在知識領域有所建樹之外，還為國家平定了幾個嚴重的亂事，建立了不少軍功，這源於他既有才能又恰好有機緣。而他的軍功也跟別人不同，每次平定了亂事，他除了在當地重建或新設書院，以培植人才之外，還廣設鄉約、社學，以推廣平民教育。一次他在答人問「中人以下不可以語上」時說：「不是聖人終不與語。聖人的心，憂不得人人都做聖人。只是人的資質不同，施教不可躐等。中人以下的人，便與他說性、說命，他也不省得，也須慢慢琢磨他起來。」他從不放棄「愚夫愚婦」，說他們也許累積的知識不夠，但可以「慢慢琢磨他起來」，孟子說人皆可為聖賢，他認為也該包括「愚夫愚婦」的。

陽明所提倡的，是一種含有覺醒意味的心靈的活動，原先也許只是為個人的，但後來這種思潮逐漸影響社會，就變得十分複雜了。我不由得想起歐洲宗教改革，歐洲從胡斯到馬丁．路德之後，宗教改革者有個很重要的思維就是「信眾參與」。胡斯所建立的「聖杯教派」，就是反對在彌撒中只有主祭的神父可以高舉聖杯飲象徵救主寶血的紅葡萄酒，他認為信眾也可以；馬丁．路德則提倡信徒可上臺證道演說，聖壇不專屬於主教或司鐸。他們的目的在反對教廷把持一切，包括彌撒的禮儀與對教義的解釋，主張信眾都該有參與的機會。在這個想法之下，底下的人不再是被牧的羊群，而成了獨立有思維能力的人，儘管宗教改革者所提的意見，僅限在宗教一方面，而其影響卻不僅於此。

這種思想的基礎跟陽明所說的很近，只要把宗教改革者心中的「一般信眾」，換成陽明口中的「愚夫愚婦」就成了，這事又讓我想起另一個英國宗教家威廉．廷代爾。

廷代爾（William Tyndale,1494-1536）出生比陽明稍晚，但他們基本處在同一時代，那時英國還信仰天主教（英國「國教」還沒從天主教分立出來）。當時教會有許多規定，是後世人想像不到的，其中包括《聖經》不准許有英文本的，因為英文被認為是通俗又低賤的地方語言，不配用在《聖經》的傳述上，教會使用的是被認為有神聖性格的拉丁文，《聖經》也只有拉丁文的。廷代爾自己也是神職人員，他對英國教會非常失望，因為大多數的神職人員不懂拉丁文，他們的神學訓練當然就很差了，廷代爾想，何不譯出一本英文本的《聖經》來呢？可讓人人能讀能懂，他自省有翻譯的能力，就想親自動手來翻譯《聖經》。

但廷代爾的構想受到教會與英國朝野的反對，當時有法律規定，除非獲得主教正式批准，任何人都不准碰觸《聖經》的，更不准人閱讀英文譯本，認為那些譯本都是邪魔外道，違者得予處死。廷代爾要想翻譯必須獲得當時主教滕斯托爾（Bishop Cuthbert Tunstall, 1474 -1559）的允許，但滕斯托爾處處設下關防，刁難他，也不見他，他只得偷偷做這件事，英國風聲太緊了，他只得越海到了德國並尋求新教派（馬丁・路德派）的協助，最後在比利時的安特衛普住下來，費盡力氣，終把《聖經》譯完。

他譯完《聖經》，又在友人幫助下印製了一個數量的書，經各種途徑運送回英國，卻都被教會主持的法庭不斷沒收又燒燬了，十年之間只得不停的再印再運。一五三五年，隱居在安特衛普的廷代爾被友人出賣而被捕，當時倫敦的主教已換成更為嚴酷的斯托克斯利（John Stokesley, 1475 -1539）了，一五三六年廷代爾在比利時布魯塞爾以私譯《聖經》的罪名處死，勒斃後當眾焚屍，據史書所記，現場觀眾叫好聲雷動，死時他才四十二歲。

廷代爾的譯本被法律所禁，而自身也不是沒有問題的，寫《烏托邦》（*Utopia*）一書的湯馬斯．摩爾（Thomas More, 1478-1535）就指責這譯本錯誤百出，廷代爾也自認為不夠完善。雖然如此，但在廷代爾死了四年後，英國終於允許英文本的《聖經》上市了，證明情勢要是轉變是誰也擋不住的。而在流行的四種不同英文譯本之中，大多是基於廷代爾的譯本而譯成的。

我為什麼要說這一段故事呢？廷代爾認為英國的一般民眾都有閱讀《聖經》的權利，也有了解基督教真義的必要，所以他將供在殿堂上僅有儀式功用的《聖經》譯成一般英國人讀得懂的英文。他的眼光與企圖，僅限在基督教教義的宣導上，自然不如陽明說的「與愚夫愚婦同的，是謂同德」意思深，陽明關懷的層面顯然要比廷代爾的大得多，但他們都為下層民眾設想，兩者出發點是一樣的。

這一套思想在中國其實來源很早，在《尚書》的時代，就有「天視自我民視，天聽自我民聽」的觀念了，當時雖沒有今天的民主制度，而「以民為主」的想法在中國是很普遍的，所以陽明重視「愚夫愚婦」，主張人人具有良知，很容易被一般中國人接受，但以為這是公理，任何地方都存在，就錯了，譬如在中國鄰近的印度。印度是個階級意識分明的社會，嚴格的階級是不容跨越的，佛教便產生在這個社會，所以在印度的佛教，本身便帶有強烈的階級性，要說佛教中的佛、菩薩、羅漢、聲聞、帝釋、比丘等等，地位是完全不等的，由這些不同階層所體察、所解釋出來的佛教精義，也自然有高低深淺的差異了，譬如佛或菩薩開口說話，最下的比丘就算有再高明的意見也只得閉嘴。

這點非常有趣，在《傳習錄》中，常可看到弟子與陽明為學理所作的爭辯，有時甚至於有鬥氣的場面，這情形在《論語》、《孟子》書中裡面也可見到，可見平等觀念，一直深契中國的人心。佛教傳入中國不久，就受到中國的平等觀念所影響，階級意識少了或逐漸消失了，變成講萬物皆有佛性、眾生平等的觀念了。每個人都意識到我既有佛性，成佛的手段掌握在我自己身上，則一切便無須他求了，這跟陽明一派說的「現成良知」是一樣的，主張完成自我便達到了聖賢，在禪宗，就變成「放下屠刀，立地成佛」了，禪宗談的是佛教的道理，而這套說法其實不是來自印度，精確點說不是來自印度的佛教，而純粹是中國人才有的一套思維方式。所以我有一種比較特殊的觀察方式，我對在歷史上有「儒佛混同」、「三教合一」的種種說法，不像先儒般的義憤填膺，而是認為一派思想流傳久了自然會與其他思想混同的。其實在中國流行的佛教，也絕不如印度傳來時的純粹，佛教也混同了許多儒學思想或中國傳統的思想在其中，以禪宗而言，其精義所在，哪些是印度來的，哪些是中國既有的，真要分辨，也不見得分辨得出了。

但中國當然也有高、低層社會，陽明思想在中國社會也產生了革命性的作用，就是鞏固了既有的平等思潮，這跟同時歐洲所進行的宗教改革是完全不同的。就算是革命吧，陽明思想在中國產生的是啟迪式的革命，而不是血淋淋式的革命，當時反對陽明思想的人也很多，但雙方都很克制，也講禮貌，在中國幾乎沒有因主張不同而人頭落地的現象，究其原因是中國社會比同時歐洲的要更文明的緣故。假如把這種待人的方式視為維護「人權」，中國在陽明的時代，要比同時的西方維護人權的程度不知要高了多少倍。

以上所說，是這本小書的許多雜感之一，這類的感想，要說是說不完的，就此打住吧。中國有中國的光榮與病痛，也有對應這些光榮與病痛的特殊方式，說不上必然是好或必然是壞。陽明學在中國是個思想上的啟發，陽明生前死後，曾澎湃過一陣，但接在後面的清代，幾乎不再有人談他，因為他之前的古典思想，又席卷了整個社會，陽明學便被冷在一邊了，說起來有點可惜。不過潮起潮落，也是必然的現象，陽明學傳到日本，局勢卻跟中國的完全不一樣，日本人將良知學與他們的原有的尚武精神結合，刻苦自勵又強調事功，讓明治前後的日本風氣為之大變，一度成為他們現代化的關鍵，這事小書中也約略談到。

這本小書是廣播講稿改成的，聽眾是一般人，所以盡量做到口語化，要把事說得平易近人，有時不得不引用原文，也要選明白易曉的，不要搬弄學問，故作虛玄，也不搞「退藏於密」那一套，所以全書不做煩瑣的注解。又由於陽明的書還算普遍，尋之頗易，也就不用特別介紹了，所以書後沒列參考書目，陽明學的論著很多，也容易看到，學者論文大多在小地方兜圈子，引證考據往往過於專門，外人讀之困難，所謂治絲益棼是也，便也決定少引證他們的說法了，這樣使全書清爽些，也許有利大眾閱讀。

我在本書的自序中說過，此書原是應此間文化總會之邀而寫，所訂合約尚包括廣播與出版兩項，不料廣播後，出版事遲無下文，大約時代在變，我輩著力無方，只能任風吹雨打吧。但想開了，也無須緊張，世上「鴻飛那復計東西」的事還少嗎？我個性不喜稠密，相交清遠，很多事不想說，知此書的人並不多，但因某種緣由，竟被上海的中華書局知道了，他們表示想出此書，而且態度很積極。初得此消息，我十分驚訝，過了一段時日，卻也覺得安之若素了，大約取舍予奪之間，上天自有安排吧。

此書在說明我所知道的王陽明，我學問淺薄，也許說得不盡如人意，但我自忖也算用了點心的。不論時代怎麼變，我以為陽明之學，還是有存在的價值，而陽明這個人，也值得後世的我們關注。蘇東坡有詩云：「大木百圍生遠籟，朱絃三嘆有遺音」，聲音來源遙遠，也很微小，但不論是大木的遠籟，或是朱紘的遺音，自有他的吸引力，終會被想聽的人聽到的，當然，遠籟與遺音，指的是陽明的典型與垂範而言。

二〇二一年霜降日之後記於臺北永昌里舊居

聯文版《陽明學十講》後記

這是本用簡明方式談王陽明的「小書」，原是八年前此間中華文化總會與國立教育電臺合作的廣播節目，節目設計一年有五個講題，每個講題講十次，以配合一年的五十二週，我應邀講王陽明。之前講好，講稿經修改成書，要由文化總會結集出版的。

我學殖不深，不見得能勝任，但受此委託，也不敢不勉力。

為配合之後出書，我在上電臺之前寫了「逐字稿」，心想將來稍作調整補充就能成書了。我寫稿之前請教過有經驗的「行家」，也預做過演習，結果發現一個小時的節目，掐頭去尾，真能用的時間其實也只五十分鐘吧，五十分鐘就是全用來唸稿，頂多只能唸六千字而已，因此每講的講稿不能超過六千字。電臺不是課堂，不是電視，既無黑板，又無影像，也無從打字幕，與聽眾溝通完全靠聲音，說話要讓人一次就聽懂，不能夾纏，語意要清楚明白，不可繞太大的圈子，電臺上說話跟一般說話是有別的。

稍麻煩的是演講中所談的是古人，他們的音容笑貌與我們當代人是有隔的，還有以前人的生活儀節與制度，都跟我們時代的有很大不同，以制度言，以朱子為例，史傳說他曾「知南康軍」，有人因此誤會朱子帶過兵，其實是錯了，原來「軍」是宋元的地方組織單位，比縣要大些，相當於更古的郡，說朱子知南康軍，就等於說朱子做過江西南康郡的郡守，光解說這小事就得花點時間，這種事在解釋古代文獻中會經常碰到的，講陽明自也不例外。再加上古人的文字就算淺白，也以文言文為主，光是閱讀，也有一定的難度，中國同音字多，所說的是哪個字、哪個詞，不寫出來，往往會造成混淆，所以事先得妥善選擇，要盡量避免用可能混淆的字詞，有些不得不引用，也得留下解釋的時間。

這本《陽明學十講》的原講稿，大約是六、七萬字，演講完畢，我再做修飾補充，字數弄到十萬字左右，跟這本書目前的樣子差不多了。寫這本小書當然有目的，就是推廣學術。我想到一般學術，大多在大學或研究院之中，那兒有高柱頂著、高牆圍著，幾個同行的人在一個小圈子裡面相互取暖，或黨同伐異罷了，真要使學術走入社會，發揮傳統儒家的「經世」作用，是必須要捨棄些原本的框架的。王陽明曾警告過學生，說：「你們拿一個聖人去與人講學，人見聖人來，都怕走了，如何講得行？」所以這本小書要捨棄一般學術論文的方式，不作夾注，避免艱深，還要追求簡潔，一句說清楚了，便不作第二語，話除了要讓人懂之外，還要求人想聽你說，這又靠其他手段了，但我本人來自學術，必須堅守學術求真的基本原則，要遵從歷史，言談必需有憑據，不能杜撰事實。

八年前正好碰上臺灣政局的變化，廣播是做完了，出書的事卻拖了下來，之後文化總會換新人領導，表示無意承續前任的設計，出版的事自然也就斷了，當時我自己有事忙，漸漸也忘了有這本書了。拖了四、五年，我一位大陸好友張彥武先生知道有此事，問我何不拿到大陸試一試呢，寄他不久，就被上海中華書局相中，很快通過選題會，就決定要出書了，這本書便在二〇二一年七月在上海出版。更想不到很受歡迎，不到半年，這本書就二刷了，再隔了半年多，又三刷了，我在大陸不是沒出過書，但此書的發展，確實讓我有點始料所未及。

我想這主要原因是陽明是個有魅力的人物，他雖出身一般知識分子家庭，但他的志趣與行動卻很不一般，跟其他知識分子相比，往往更超越凡響。舉例而言，他一生平定了三個明代「國家級」的動亂，這在武將也屬難能，而當時的他，只是一個品階不算頂高的文官而已。他在思想上的發現與貢獻更為傑出，他的「良知」學說為已有數百年歷史的「理學」開展出一條嶄新的視野，也為流傳上千年的儒家哲學注入全新又有活力的血液，雖然反對他的人不少，受歡迎的程度也代有起伏，而他的影響至今不輟，所以說陽明是個極有魅力的人物。小書之被人看得起，不是因我，而是因陽明本人。

還有一事必須談的是，大陸自四九年之後，官方提倡唯物論，弁為風尚，認為唯物才是科學，傳統學術只要有涉「心學」的，都在極端排斥之列，朱子與陽明都在內，當然陽明更甚。這個現象，從侯外廬在一九六〇年代出版的《中國思想通史》上就可看出，這本書在大陸有很大的作用。侯的書中對王陽明的敘述與論斷，今天看起來，都是令人驚悚震動的，但在大陸，那種偏見在當時卻無遠弗屆，影響當然也極為深遠。

形成這局面有個原因是，中國人把西方哲學上的唯心主義、唯物主義都譯錯了，唯心主義的英文是 idealism，指的是人的行為往往由觀念所主導，如譯為觀念主義或理想主義應更好，因為更平和些。唯物主義的英文是 materialism，認為人的心靈及意識都是物質交互作用的結果，如譯成物質主義應更允當，這兩種概念基本上是相對的，形成主義之後往往都強調自己所認可的，也會貶抑別人的主張，但都不是百分之百，也會讓對方有生存的空間的，但中文一譯成「唯」字，就變得完全的崇己又排他了，所以是錯了。廣而言之，人既是人，當然須具有人的物質條件，但人之為人，也是絕不能缺少心靈活動的，在政治運動中，心靈活動所占的比重往往更為強烈，唯物論只能解釋部分的科學，連拿來解釋革命，都會辭窮的，侯外廬竟用中文「唯物」來解釋全面的中國思想史，當然是說偏了。

所幸過了半個多世紀，長久籠罩頭上的烏雲散開了，事實終於都清朗起來。原來人兼有物與心的特性，缺一不可，有時人對心靈的需求比對物質的需求更高，而心靈往往是人的價值所在，這便是孟子說的「人之異於禽獸者幾希」中的「幾希」。王陽明在大陸有人注意，也有人肯定他了，我認為是基於這個自我覺醒的緣故。

我曾將之比擬西方從十四世紀末到十五六世紀的宗教改革運動，這改革運動又被稱作「宗教革命」，宗教革命的最核心議題，是《聖經》的解釋權究竟該掌握在誰的手上？在此之前，當然只有教會，教會也絕不會捨此權利給他人的。舉例而言，我在此書前一篇的〈後記〉中曾用一五三六年廷代爾在比利時布魯塞爾因私譯《聖經》為英文而被處死為例，證明教會不但不准人解釋《聖經》，甚至翻譯《聖經》為拉丁文之外的文字都是不准許的。但提倡宗教改革的新派主張《聖經》可以以地方語言翻譯之外，還主張在宗教儀式之間要加入教友「證道」。所謂證道，就是信教的人可以舉出自己的親身經驗以說明自己對《聖經》的看法，這表示信眾也有解釋《聖經》或證明《聖經》的權力。

這種改革無論內容與形式都非常接近王陽明的想法，陽明在《南贛鄉約》裡記約集鄉民普施教化的活動，鄉民不僅參與其中，還是活動的重點。《鄉約》活動除了宣布政令之外，還包括「舉善」「糾過」含有道德實踐含義的項目，雖都由鄉中長老主持，而不論被舉、被糾的人，都有陳述自己「善」或「過」的機會，過程當然很嚴肅，而氣氛則盡量維持祥和，其中還帶有點溫馨快樂的成分，這可由這種儀式都以飲酒為結束看出來。在中國，儒家的道德是要經過實踐來不斷驗證的，認識了這一點，便知道西方《聖經》的解釋權逐漸從教會走入信眾的手上，這些活動，都印證了「人」的覺醒，陸象山曾說：「某雖不識一字，也不妨我堂堂正正做人。」

聯合文學出版社總編輯周昭翡女士一次告訴我想出這本書的正體字版，我聽了很高興，但我有點擔心這本書是不是適合由出文學書的出版社來出版。後來我想，在《論語》中，文學指的是知識學問，任何文字書寫的莫不能稱為文學，狹義的文學，在「孔門四科」的時代是以「語言」相況的，歐洲文藝復興時代，文學（Literature）的含義也十分寬廣，我們如用廣義來解釋文學，便沒問題了。其實我想到書合不合適、該不該出，還是擔心在臺灣的閱讀者數量不可能很多，要是銷路不好，是會累了出版社的。

但周昭翡氣定神閒，好像不太在意的樣子。她還是認為這本書值得出版，值得推廣，我又想起我之前舉過歐洲的「啟蒙運動」，而「啟蒙運動」這個英文字Enlightenment中間藏有一個「光」（light）字，光確實很重要。我想周昭翡也許是想，在這麼游移、矛盾的世代，人的頭頂上更須要一點光，光照之下，人得以看清四周，也看清 自己，光也帶來智慧，為我們解決一些雖不見得那麼切身，但絕對是生命最根本的問題。

閱讀王陽明，就是為自己帶來那一點光吧。

二〇二五年春節，再記於臺北

聯合文叢 775

陽明學十講

作　　者／周志文
發 行 人／張寶琴

總 編 輯／周昭翡
主　　編／蕭仁豪
資深編輯／林劭璜
編　　輯／劉倍佐
資深美編／戴榮芝
業務部總經理／李文吉
發行助理／詹益炫
財 務 部／趙玉瑩　韋秀英
人事行政組／李懷瑩
版權管理／蕭仁豪

法律顧問／理律法律事務所
陳長文律師、蔣大中律師

出 版 者／聯合文學出版社股份有限公司
地　　址／(110)臺北市基隆路一段 178 號 10 樓
電　　話／(02)27666759 轉 5107
傳　　真／(02)27567914
郵撥帳號／ 17623526 聯合文學出版社股份有限公司
登 記 證／行政院新聞局局版臺業字第 6109 號
網　　址／http://unitas.udngroup.com.tw
E-mail:unitas@udngroup.com.tw

印 刷 廠／約書亞創藝有限公司
總 經 銷／聯合發行股份有限公司
地　　址／(231)新北市新店區寶橋路235巷6弄6號2樓
電　　話／(02)29178022

出版日期／ 2025 年 6 月　初版
定　　價／ 420 元

ISBN 978-986-323-696-2（平裝）

國家圖書館出版品預行編目資料

陽明學十講 / 周志文著 . -- 初版 . --
臺北市 : 聯合文學出版社股份有限公司 , 2025.06
352 面 ; 14.8×21 公分 . --（聯合文叢；775）
ISBN 978-986-323-696-2（平裝）

1.CST: (明) 王守仁 2.CST: 學術思想 3.CST: 陽明學

126.4　　114007441